CONTEÚDO DIGITAL PARA ALUNOS

Cadastre-se e transforme seus estudos em uma experiência única de aprendizado:

1 Escaneie o QR Code para acessar a página de cadastro.

2 Complete-a com seus dados pessoais e as informações de sua escola.

3 Adicione ao cadastro o código do aluno, que garante a exclusividade de acesso.

4081760A6730043

Agora, acesse:
www.editoradobrasil.com.br/leb
e aprenda de forma inovadora e diferente! :D

Lembre-se de que esse código, pessoal e intransferível, é valido por um ano. Guarde-o com cuidado, pois é a única maneira de você utilizar os conteúdos da plataforma.

CONHECER E TRANSFORMAR
[PROJETOS Integradores]

9

Maria Cecilia Guedes Condeixa (coordenação)
- Licenciada e bacharel em Biociências
- Professora e consultora em sistemas de ensino públicos e privados
- Autora de materiais educativos

Maria Teresinha Figueiredo (coordenação)
- Licenciada em Biociências e especialista em Educação Ambiental
- Professora e consultora em sistemas de ensino públicos e privados
- Autora de materiais educativos

Alpha Simonetti
- Mestre e doutora em Linguística e Semiótica Geral
- Professora na educação básica e artista de teatro
- Elaboradora e editora de textos educativos

Dulce Satiko
- Licenciada em Matemática e Pedagogia e especialista em Metodologia da Matemática
- Professora e consultora em sistemas de ensino públicos e privados
- Autora de materiais educativos

Componentes curriculares: **Arte, Ciências, Geografia, História, Língua Portuguesa** e **Matemática**.

Gabriela Ribeiro Arakaki
- Licenciada e bacharel em Geografia
- Consultora em educação ambiental
- Elaboradora de materiais educativos

Rui Xavier
- Licenciado em História
- Dramaturgo e autor de literatura
- Elaborador de materiais educativos

1ª edição
São Paulo, 2019

Yanci Ladeira Maria
- Mestre e doutora em Geografia
- Pesquisadora na área indigenista
- Elaboradora de materiais educativos

Dados Internacionais de Catalogação na Publicação (CIP)
(Câmara Brasileira do Livro, SP, Brasil)

> Conhecer e transformar : [projetos integradores] 9 / Alpha Simonetti...[et al.] ; Maria Cecília Guedes Condeixa, Maria Teresinha Figueiredo (coordenação). – 1. ed. – São Paulo : Editora do Brasil, 2019. – (Coleção conhecer e transformar)
>
> Outros autores: Dulce Satiko, Gabriela Ribeiro Arakaki, Rui Xavier, Yanci Ladeira Maria.
> ISBN 978-85-10-07592-3 (aluno)
> ISBN 978-85-10-07593-0 (professor)
>
> 1. Arte (Ensino fundamental) 2. Ciências (Ensino fundamental) 3. Geografia (Ensino fundamental) 4. História (Ensino fundamental) 5. Língua portuguesa (Ensino fundamental) 6. Matemática (Ensino fundamental) I. Simonetti, Alpha. II. Satiko, Dulce. III. Arakaki, Gabriela Ribeiro. IV. Xavier, Rui. V. Maria, Yanci Ladeira. VI. Condeixa, Maria Cecilia Guedes. VII. Figueiredo, Maria Teresinha. VIII. Série.
>
> 19-28026   CDD-372.19

Índices para catálogo sistemático:
1. Ensino integrado : Livros-texto : Ensino fundamental 372.19
Iolanda Rodrigues Biode – Bibliotecária – CRB-8/10014

© Editora do Brasil S.A., 2019
Todos os direitos reservados

Direção-geral: Vicente Tortamano Avanso

Direção editorial: Felipe Ramos Poletti
Gerência editorial: Erika Caldin
Supervisão de arte e editoração: Cida Alves
Supervisão de revisão: Dora Helena Feres
Supervisão de iconografia: Léo Burgos
Supervisão de digital: Ethel Shuña Queiroz
Supervisão de controle de processos editoriais: Roseli Said
Supervisão de direitos autorais: Marilisa Bertolone Mendes

Supervisão editorial: Priscilla Cerencio
Edição: Rogério Cantelli
Assistência editorial: Felipe Adão e Ivi Paula Costa da Silva
Apoio editorial: Celeste Baumann
Copidesque: Gisélia Costa, Ricardo Liberal e Sylmara Beletti
Revisão: Elis Beletti, Flávia Gonçalves, Marina Moura, Martin Gonçalves e Mônica Reis
Pesquisa iconográfica: Amanda Felício e Priscila Ferraz
Assistência de arte: Daniel Campos Souza
Design gráfico: Andrea Melo
Capa: Andrea Melo
Imagens de capa: Tiwat K/Shutterstock.com, nubenamo/Shutterstock.com e balabolka/Shutterstock.com
Ilustrações: Bruna Ishihara, Claudia Marianno, Danillo Souza, Fabio Nienow, Hare Lanz, Hélio Senatore, Marcos Guilherme, Osni & Cotrim e Paula Haydee Radi
Produção cartográfica: Alessandro Passos da Costa, DAE (Departamento de Arte e Editoração) e Sonia Vaz
Coordenação de editoração eletrônica: Abdonildo José de Lima Santos
Editoração eletrônica: JS Design
Licenciamentos de textos: Cinthya Utiyama, Jennifer Xavier, Paula Harue Tozaki e Renata Garbellini
Controle de processos editoriais: Bruna Alves, Carlos Nunes e Stephanie Paparella

1ª edição/1ª impressão, 2019
Impresso na Meltingcolor Gráfica e Editora Ltda.

Rua Conselheiro Nébias, 887
São Paulo, SP – CEP 01203-001
Fone: +55 11 3226-0211
www.editoradobrasil.com.br

Caro estudante,

Este livro foi feito para você, que é antenado em tudo o que está acontecendo em nosso mundo. Quando falamos assim, talvez venha à cabeça notícias sobre problemas. Pois é, realmente há muitos fatos desagradáveis e desafiadores acontecendo. Mas há também um montão de coisas alegres e estimulantes. Há muitas meninas e meninos procurando saídas para os problemas, buscando juntar iniciativas, fazer redes de contato, comunicar suas descobertas.

Muitos jovens estão encontrando uma forma de se comunicar. Muitos jovens querem entender o que está acontecendo, buscar respostas. Foi pensando em como você pode fazer parte dessa turma inovadora que propõe soluções e contribui para um mundo mais animador que escrevemos este livro.

Conhecendo melhor os projetos de aprendizado e de ação aqui propostos, você verá que não é difícil manter-se bem informado. Logo encontrará uma forma de compreender e agir: aqui há muitas ideias para você pôr em prática e compartilhar o que aprendeu.

Você nunca deve considerar-se incapaz para as tarefas. Nem achar que já sabe tudo. Comunicando-se com os colegas e professores, trocando ideias e buscando a melhor saída para todos, você verá que pesquisar em grupo é muito mais interessante... O importante é ser criativo, imaginar soluções, buscar informação para contribuir, ouvir os colegas e apresentar ideias para sua gente.

O convite está feito. Vamos ao trabalho!

CONHEÇA SEU LIVRO

APRESENTAÇÃO
Aqui você ficará sabendo qual é o tema trabalhado no projeto e a importância dele em nossa vida.

DIRETO AO PONTO
Aqui será apresentada a questão norteadora, que vai guiá-lo para chegar ao final do projeto sabendo mais a respeito do assunto do que quando começou.

JUSTIFICATIVA E OBJETIVOS
Você encontra razões importantes para desenvolver o projeto, com base na vida cotidiana e em conhecimentos aqui destacados.

DE OLHO NO TEMA
É o momento de dialogar a respeito do assunto, e você e os colegas expressarão suas ideias sobre ele. Para iniciar a conversa, será utilizada uma fotografia.

QUAL É O PLANO?
Neste momento serão apresentadas as três etapas principais do projeto, do início até a conclusão.

VAMOS AGIR
Traz atividades práticas, como experimentos, criação de modelos, pesquisas, entrevistas e muito mais.

REFLITA E REGISTRE
Orienta a conclusão dos procedimentos.

PENSANDO JUNTOS

Propõe, por meio do diálogo, a reflexão coletiva sobre determinada questão.

VAMOS APROFUNDAR

São atividades variadas para você checar os principais conceitos estudados por meio de questões que requerem leitura, interpretação e reflexão.

BALANÇO FINAL

É o momento de avaliar seu desempenho na execução do projeto.

APOIO

Aqui você encontrará indicações que auxiliam na busca de conteúdo a respeito do tema que está sendo explorado.

ÍCONES

 Oralidade   Individual   Em dupla   Em grupo   No caderno

SUMÁRIO

Projeto 1
Alimentação e costumes..08

Qual é o plano?..................................09

Etapa 1 – Explorando o assunto.....10
- Do Brasil Colonial à indústria de alimentos..10
- Modernização e mudança de hábitos.......14
- Novos hábitos alimentares, novos guias de alimentação.......................................18
- Comida e biodiversidade............................22

Etapa 2 – Fazendo acontecer........24
- Proposta investigativa 1
  Comida afro-brasileira: tradição e transformação..24
- Proposta investigativa 2
  Comida caipira: tradição e transformação..26
- Proposta investigativa 3
  Comida industrializada em nossos costumes...28
- Proposta investigativa 4
  Produzindo o próprio alimento..............29

Etapa 3 – Respeitável público........31
- Balanço final..31

Projeto 2
Moradias, tradição e sustentabilidade..........32

Qual é o plano?................................33

Etapa 1 – Explorando o assunto...34
- Conforto térmico nas moradias..................34
- Moradias sustentáveis................................ 38
- Moradias tradicionais...................................41

Etapa 2 – Fazendo acontecer.......46
- Proposta investigativa 1
  Moradia sustentável em lugar quente e úmido...48
- Proposta investigativa 2
  Moradia sustentável em lugar quente e seco..49
- Proposta investigativa 3
  Moradia sustentável em lugar temperado ou frio....................................50

Etapa 3 – Respeitável público......51
- Balanço final..51

Projeto 3
Evolução dos seres vivos ..52

Qual é o plano? 53

Etapa 1 – Explorando o assunto ...54
    Compreendendo os fósseis...................... 54
    Conhecendo a evolução........................... 56
    Paleoarte... 60
    História geológica da vida........................ 65

Etapa 2 – Fazendo acontecer.......70
    Proposta investigativa 1
    Os fósseis mais antigos.................................71
    Proposta investigativa 2
    Do mar à terra firme 72
    Proposta investigativa 3
    Era Mesozoica: a estupenda
      vida terrestre..73
    Proposta investigativa 4
    Era Cenozoica: ao final, surge
      a espécie humana....................................74

Etapa 3 – Respeitável público......75
    Balanço final..75

Projeto 4
Comunicação digital....... 76

Qual é o plano? 77

Etapa 1 – Explorando o assunto ...78
    Mundo interligado..78
    Explosão de conhecimento
      e a cultura *wiki*................................. 80
    Comunicação visual................................... 85

Etapa 2 – Fazendo acontecer.........91
    Proposta investigativa 1
    Participação *on-line*.................................... 92
    Proposta investigativa 2
    Comunidade virtual 93
    Proposta investigativa 3
    Design para idosos..................................... 94

Etapa 3 – Respeitável público.......95
    Balanço final... 95

PROJETO 1

Alimentação e costumes

Ao longo do tempo, as culturas definem seu padrão alimentar atendendo a valores sociais e de acordo com as características do ecossistema local. Os hábitos alimentares brasileiros, por exemplo, foram influenciados pela culinária dos povos indígenas, bem como pela dos africanos, dos europeus e de outros imigrantes que aqui se assentaram. Contudo, atualmente, a expansão do modo de vida urbano, acelerado e fora de casa, próprio de nosso desenvolvimento econômico, vem acompanhada do aumento no consumo de alimentos industrializados e das refeições rápidas (*fast-food*).

A escolha dos alimentos depende não apenas da cultura mas também de conhecimentos, preferências individuais e fatores econômicos e ambientais. Por exemplo, quem deseja melhorar o bem-estar e a saúde e, ainda, ter atitudes sustentáveis, que preservem o meio ambiente, deve estar atento aos critérios para a escolha de um alimento.

DE OLHO NO TEMA

Na pintura abaixo, *Frutos do Brasil*, feita em 1822, o francês Jean-Baptiste Debret retratou frutas cultivadas no Brasil que ele encontrou durante sua viagem ao país, no século XIX.

Coleção Particular

- Vegetais brasileiros chamaram a atenção dos visitantes estrangeiros dos séculos passados. Quais vegetais da pintura você conhece?
- Você mantém a tradição alimentar de seus familiares, de quando eles eram jovens, ou de seus avós, quando eram crianças?

DIRETO AO PONTO

Por que a alimentação é mais do que escolha pessoal?

JUSTIFICATIVAS

- A alimentação é muito importante em nossa vida. O alimento não só nos sustenta mas é expressão da cultura e do ecossistema em que vivemos. Pode ser também fonte de prazer e centro de convívio. Saber se alimentar bem é a primeira forma de cuidado pessoal que devemos aprender. Investigar o papel da sociedade (da economia, da política e da cultura) em nossa maneira de nos alimentar é fundamental para que tomemos decisões bem embasadas nessa área essencial da existência humana.

OBJETIVOS

- Compreender a alimentação como parte da cultura local e global e sua relação com os ecossistemas.
- Associar modernidade, industrialização e mudança de costumes alimentares.
- Conhecer princípios de boa nutrição, podendo relacioná-los à sustentabilidade ambiental.
- Valorizar as culinárias tradicionais brasileiras.

QUAL É O PLANO?

Etapa 1 – Explorando o assunto

- Do Brasil Colonial à indústria de alimentos
- Modernização e mudança de hábitos
- Novos hábitos alimentares, novos guias de alimentação
- Comida e biodiversidade

Etapa 2 – Fazendo acontecer

- **Proposta investigativa 1** – Comida afro-brasileira: tradição e transformação
- **Proposta investigativa 2** – Comida caipira: tradição e transformação
- **Proposta investigativa 3** – Comida industrializada em nossos costumes
- **Proposta investigativa 4** – Produzindo o próprio alimento

Etapa 3 – Respeitável público

Balanço final

- Avaliação coletiva e individual

Avaliação continuada: Vamos conversar sobre isso?

ETAPA 1 — EXPLORANDO O ASSUNTO

Do Brasil Colonial à indústria de alimentos

No Brasil Colonial e ainda no Império, a maior parte da população, a agricultura e a produção de mercadorias se concentravam nas regiões litorâneas. A circulação de produtos e de pessoas ocorria, sobretudo, por barcos, de porto a porto. Para o interior, também chamado "sertões", o transporte era feito majoritariamente no lombo de animais, por tropas de mulas.

O deslocamento era difícil e demorado. Comércio e correspondências ficavam, em geral, a cargo dos tropeiros. Alguns deles também faziam papel de "banqueiros", fornecendo cartas de crédito e empréstimo de dinheiro aos fazendeiros e moradores de vilas isoladas e pouco populosas de nossos sertões.

No decorrer do século XIX, o café aumentou progressivamente seu protagonismo como produto de exportação. Em meados daquele século, se tornou a principal mercadoria exportada pelo Porto do Rio de Janeiro, via de escoamento da produção do Vale do Paraíba fluminense e paulista. Naquela época foi disseminado para o interior de São Paulo, primeiramente na região chamada **quadrilátero do açúcar**, formado pelas cidades de Itu, Piracicaba, Campinas e Jundiaí. A adaptação do plantio de café nas antigas lavouras de cana-de-açúcar foi fácil e rápida.

↑ *Caravana de tropeiros se dirige ao Tijuco*. Litografia de Engelmann com base em aquarela de Johann Moritz Rugendas, c. 1835.

O produto era transportado das fazendas até os portos em carros de boi ou no lombo de mulas por estradas que já eram utilizadas para o transporte de açúcar, milho, tabaco, cachaça e de outras culturas de subsistência ou agregadas. Para facilitar o escoamento, a ligação entre São Paulo e o Porto de Santos foi melhorada com a abertura da Estrada da Maioridade, em 1841. Mesmo assim, a dificuldade de transporte pela Serra do Mar ainda era grande, limitada à tração animal. Atravessar essa barreira natural, com até 800 metros de altitude, era um enorme desafio.

Com a inauguração da Estrada de Ferro Santos-Jundiaí, em 1867, a cidade de São Paulo teve o crescimento acelerado. Isso se dava por causa de sua condição de entroncamento de rotas terrestres em direção ao Porto de Santos. A localização geográfica e a disponibilidade de água potável e de alimentos produzidos na província contribuíram para esse desenvolvimento.

↑ Trecho da Estrada de Ferro Santos-Jundiaí na Serra do Mar, 1867.

Primeiras indústrias

A partir de 1880, começaram a surgir iniciativas industriais na província de São Paulo, notadamente em Sorocaba, Campinas e na capital. No mesmo período, depois da Abolição da Escravatura, em 1888, intensificou-se a imigração de europeus para a região, em especial de italianos. Cerca de 800 mil deles chegaram entre 1887 e 1906, fluxo estimulado pelas difíceis condições de vida e pelo conturbado cenário político da Itália.

Na última década do século XIX, a cidade de São Paulo passou a concentrar mais indústrias, que produziam chapéus, velas, tecidos, vidraria, sabão e, é claro, sacos de juta, necessários à exportação do café. A fibra têxtil da juta vinha da Amazônia, e em São Paulo, era processada e empregada na fabricação dos sacos. Nessa mesma época, foram construídas moendas de trigo de maior porte, possibilitando a abertura de pequenos pastifícios – casas de massas para comercialização de macarrão e similares.

Os imigrantes italianos instalaram-se primeiro no sul do Brasil, por causa da oferta de terras. Contudo, com o fim do tráfico de escravos e a expansão das lavouras de café, o sudeste, sobretudo a província de São Paulo, passou a receber a maioria dos imigrantes.

Angelo Tommasi. *Os emigrantes*, 1895. Óleo sobre tela, 2,62 m × 4,33 m.

Diversificação da indústria

Em 1905 foi feito um censo industrial do Brasil, apontando São Paulo como o segundo maior centro industrial do país, logo atrás do Rio de Janeiro (então capital federal). Nos anos subsequentes e, sobretudo, durante a Primeira Guerra Mundial (1914-1918), as indústrias paulistas se ampliaram e se diversificaram. Surgiram indústrias de alimentos enlatados, tecidos, bebidas e produtos de higiene. As metalúrgicas produziam ferramentas e componentes de máquinas agrícolas, aos poucos substituindo equipamentos exclusivamente importados. Esse processo é chamado de **substituição de importação de produtos industriais**.

O viaduto foi idealizado pelo francês Jules Martin, em 1877, mas inaugurado somente em 1892. A armação metálica que compõe o projeto foi produzida na Alemanha, pela empresa Halkort. Ele é considerado um importante símbolo do início da industrialização de São Paulo, quando os produtos ainda eram trazidos do exterior.

Vista do Viaduto do Chá. São Paulo (SP), 1918.

Já no censo industrial de 1920, São Paulo aparece como o maior centro industrial do país, superando o Rio de Janeiro. Naquele período, houve grandes avanços técnicos na conservação de alimentos em lata, por influência do crescimento dessa indústria alimentícia durante a Primeira Guerra Mundial, principalmente nos Estados Unidos, pois os enlatados alimentavam não apenas os soldados em combate mas a população em momentos de crise de abastecimento.

Com a prosperidade econômica mundial da década de 1920 e o aumento da população urbana no Brasil, a indústria de alimentos se diversificou. A modernização ocorreu especialmente em São Paulo, Rio de Janeiro e nas grandes capitais por meio de instalações elétricas, do crescimento das fábricas e de uma vida cultural intensa. O modo de vida do restante do país, no entanto, manteve características essencialmente rurais.

↑ Operárias de uma tecelagem das Indústrias Reunidas Francisco Matarazzo. São Caetano do Sul (SP), 1933.

A família Matarazzo era formada por imigrantes italianos que, de São Paulo, alavancaram a produção industrial brasileira no início do século XX.

Uma grande crise econômica mundial teve início em 1929, causando a diminuição da produção em todo o mundo. A partir de 1934, o Brasil voltou a crescer, enquanto os Estados Unidos e a Europa ainda passavam por uma grande recessão.

Durante a Segunda Guerra Mundial (1939-1945), houve um novo grande impulso à indústria brasileira. Mais uma vez seria retomado o processo de substituição de artigos importados das nações europeias, do mesmo modo que ocorrera durante a Primeira Guerra Mundial.

A aceleração do movimento industrial no Brasil passou a ser impulsionada, a partir de 1950, pela indústria automobilística. Como uma grande variedade de peças é utilizada nos automóveis, a necessidade de suprir essa demanda incentivou a abertura de fábricas de peças e acessórios. No final daquela década, porém, o aumento da inflação e o desequilíbrio das finanças públicas – agravado pelo esforço para a construção da nova capital federal, Brasília, entre 1955 e 1960 – causaram uma grave crise econômica e política, que se estendeu até 1968, quatro anos após o golpe de Estado que levou os militares ao poder.

A indústria de alimentos

Um segmento industrial que se desenvolveu desde o século XIX foi o de alimentos em conserva. A necessidade de preparação rápida de alimentos foi decorrência da industrialização e da urbanização.

Com a gradual mudança do papel social da mulher e sua crescente inserção no mercado de trabalho, as famílias urbanas tinham menos tempo para preparar os alimentos, o que não ocorria nas famílias do campo.

O grande polo desse processo de mudança nos hábitos domésticos e alimentares encontrava-se nos Estados Unidos. Na década de 1950, durante o fenômeno do *baby boom* (expressão usada para se referir ao significativo aumento no número de nascimentos durante o período), os hábitos alimentares foram diretamente influenciados pela propaganda da televisão.

↑ Anúncio de alimentos industrializados, 1954.

Hábitos de consumo estadunidenses foram exportados para o mundo inteiro, inclusive para o Brasil. O desenvolvimento industrial na década de 1950 acelerou a urbanização e o êxodo rural, fazendo prosperar a indústria alimentícia. Chegaram à mesa do brasileiro achocolatados, cereais matinais e mais enlatados (salsichas, carnes, ervilha, milho, tomate, entre outros), que vieram para facilitar o preparo das refeições. Por serem fabricados em alta escala, muitos desses produtos chegavam a ser mais baratos do que os alimentos frescos.

Em 1960, havia 52 milhões de habitantes; em 2018, alcançamos 207 milhões. Com a expansão demográfica contínua, a indústria alimentícia não parou de crescer no Brasil.

↑ Menina comendo cachorro-quente, 1955.

VAMOS APROFUNDAR

1. De acordo com o texto, como a necessidade de transportar a produção agrícola influenciou a urbanização de São Paulo? Cite dois momentos de transformação.

2. As razões do surgimento e da popularização dos alimentos industrializados são econômicas e socioculturais. Organize uma folha de caderno em duas colunas: uma de aspectos econômicos, outra de socioculturais. Preencha-as com as informações correspondentes a cada aspecto.

3. A indústria de comida enlatada desenvolveu-se intensamente durante os períodos de guerra, pois seus produtos alimentavam as tropas. Depois da guerra, a população incorporou o consumo deles em sua alimentação. Que razões tornaram a comida enlatada um item de grande consumo?

4. Explique a relação entre a maior participação da mulher no mercado de trabalho e o desenvolvimento da indústria de alimentos.

Modernização e mudança de hábitos

No Brasil do século XIX, a maioria das pessoas vivia no campo, próximo à fonte de alimento. Somente grãos, toucinho e charque eram transportados por grandes distâncias. Dessa forma, cada grupo social desenvolveu a própria tradição alimentar, de acordo com aquilo que a natureza oferecia no meio em que ele vivia. Consultando trabalhos acadêmicos e documentos históricos, podemos perceber como os alimentos industrializados foram introduzidos na alimentação brasileira em diferentes tempos e contextos.

Observações sobre a comida caipira

Um exemplo de transição entre tradição e modernidade nos hábitos alimentares brasileiros é a transformação da alimentação **caipira**. A cultura caipira é característica das populações interioranas do território que pertenceu à antiga Capitania São Paulo (atuais Paraná, Mato Grosso, Mato Grosso do Sul, Goiás e boa parte do Sudeste brasileiro).

A alimentação desse grupo foi estudada pelo professor Antonio Candido (1918-2017) entre 1948 e 1954. Naquele período, ele frequentou comunidades caipiras no interior de São Paulo com o objetivo de compreender seu modo de vida. Os dois textos seguintes são trechos desse estudo, intitulado *Os parceiros do Rio Bonito*. Rio Bonito era uma vila do município paulista de Bofete.

Texto 1

Trechos do estudo – 1948

Antigamente, a "gente do sítio" fazia tudo e raramente ia ao comércio, comprar sal. Não havia quase negócios; cada um consumia o seu produto, e nos anos fartos sobrava mantimento, que "não tinha preço" [...]. O feijão, o milho e a mandioca, plantas indígenas, constituem, pois, o que se poderia chamar triângulo básico da alimentação caipira, alterado mais tarde com a substituição da última pelo arroz. [...]

O leite, o trigo e a carne de vaca eram e são excepcionais na dieta do caipira, constituindo índice de urbanização ou situação social acima da média. Não, porém, o doce, isto é, o açúcar, que todos procuraram sempre obter nas engenhocas e casa, se não pronto, ao menos sob as formas de rapadura e garapa. [...]

Só poderemos, todavia, compreender de que modo esta dieta representava uma fórmula viável de sobrevivência dos grupos, se indicarmos seu complemento: coleta, caça e pesca.

Antonio Candido. *Os parceiros do Rio Bonito: estudo sobre o caipira paulista e a transformação dos seus meios de vida*. Rio de Janeiro: Ouro sobre azul, 2010. p. 64-67.

↑ Almeida Júnior. *Cozinha caipira*, 1895. Óleo sobre tela, 63 cm × 87 cm.

> A imagem ajuda a compreender alguns aspectos da alimentação caipira. Nela vemos a mulher escolhendo os grãos, o fogão a lenha e um pilão para socar farinha ou outros grãos. Representa um ambiente em que não há pressa e a realidade de uma população que vive com poucos recursos.

1. O texto afirma que o caipira "fazia tudo". O que significa fazer tudo para obter alimento?

2. Quais alimentos significavam um "índice de urbanização" do caipira?

3. De acordo com o texto, que alimento era preciso ser comprado pelo caipira? Por que isso ocorria?

Texto 2

Trechos do estudo – 1954

[...] assinalemos a diferença das condições entre a primeira (1948) e a segunda estadia (1954). Naquela data, quase cada casa possuía a sua prensa manual, havendo apenas uma de tração animal; havia alguns pilões de pé, pequenos **monjolos** secos, em que a queda de mão é dada por pressão muscular [...]. Isto significa que não se fabrica mais açúcar, nem se limpa arroz em casa. Como aconteceu com a farinha de milho, predomina o hábito de recorrer aos estabelecimentos de benefício da vila, onde se compram açúcar e banha. Trata-se, pois, de um acentuado incremento de dependência, que destrói a autonomia do grupo de vizinhança, incorporando-o ao sistema comercial das cidades. [...] O homem rural depende, portanto, cada vez mais da vila e das cidades, não só para adquirir bens manufaturados, mas para adquirir e manipular os próprios alimentos.

Antonio Candido. *Os parceiros do Rio Bonito: estudo sobre o caipira paulista e a transformação dos seus meios de vida*. Rio de Janeiro: Ouro sobre azul, 2010. p. 156-161.

↑ Pilão de madeira em Castro Alves (BA).

GLOSSÁRIO

Monjolo: máquina hidráulica rústica, semelhante a uma gangorra, utilizada para moer grãos.

O pilão era largamente usado para triturar grãos e cereais.

1. Qual era o método tradicional de manipular arroz e fazer farinha? Ele foi preservado no período estudado?

2. Como o trecho avalia a modernização da vida caipira em 1954?

Alimentação no interior da Amazônia

O texto a seguir foi retirado de um estudo realizado em 2013 no distrito Freguesia do Andirá, área rural do município de Barreirinha, no estado do Amazonas. O trabalho analisou as relações entre o rural e o urbano depois da instalação de encanamento e energia elétrica no distrito, ocorrida no ano de 2009.

Os aspectos socioeconômicos em Freguesia do Andirá

[...]

Em entrevista com alguns comerciantes, [eles] destacaram que os principais produtos vendidos são [...] açúcar, macarrão, arroz, café e alimentos como a salsicha, a calabresa, frangos e ovos, o que mostra que no hábito alimentar os moradores estão consumindo cada vez mais alimentos industrializados típicos das cidades. Desta forma poderíamos dizer que o urbano estaria presente até certo ponto, dizemos "até certo ponto" pelo fato de vários moradores ainda praticarem a pesca, nem tanto por uma prática de obtenção de renda, mas por uma questão alimentar mesmo da sua família, e também é frequente a vinda de moradores de outras comunidades que vêm vender peixe em Freguesia, principalmente da localidade conhecida como Lago Grande.

Luís Fernando Belém da Costa. *O rural e o urbano na Amazônia: um estudo das transformações socioespaciais no distrito de Freguesia do Andirá no município de Barreirinha – AM*. [S.L.]: Universidade Estadual do Amazonas, 2017. Disponível em: http://repositorioinstitucional.uea.edu.br/handle/riuea/667. Acesso em: 20 abr. 2019.

Palafitas (habitações que se sustentam sobre a água por meio de um conjunto de estacas) à margem do Rio Tefé, em Tefé (AM), 2016.

A economia de diversas localidades no interior do Amazonas fortaleceu-se com a chegada da eletricidade, promovida pelos programas do governo federal, em 2009. Um exemplo de mudança significativa para o comércio é a possibilidade de estocar alimentos perecíveis em uma geladeira, sem depender de geradores movidos a combustível.

1. Em 2009, a chegada da eletricidade a uma pequena vila da Amazônia causou transformações importantes. Cite as transformações mencionadas no trecho.

2. Os processos descritos a respeito das comunidades de Rio Bonito e da Freguesia do Andirá são comparáveis? Analise as diferenças e as semelhanças entre ambos. Aponte o período, o processo histórico e outros dados relevantes.

3. Como o processo de modernização em Freguesia do Andirá impactou a autonomia alimentar dos habitantes? Quais são as semelhanças com a descrição de Rio Bonito na década de 1950?

4. Com base nos documentos e no texto anterior sobre a modernização dos sertões brasileiros, responda: Quando essa modernização começou? Ela ocorre em todos os lugares do território nacional ao mesmo tempo?

Brasileiro está comendo menos feijão e ficando mais gordo, revela pesquisa Vigitel

Pesquisa divulgada [...] pelo Ministério da Saúde revela o crescimento da obesidade no Brasil, mesmo entre pessoas mais jovens, de 25 a 44 anos. Em dez anos, a prevalência da obesidade no país passou de 11,8% em 2006 para 18,9% em 2016, atingindo quase um em cada cinco brasileiros.

Os dados são da Pesquisa de Vigilância de Fatores de Risco e Proteção para Doenças Crônicas por Inquérito Telefônico (Vigitel). O resultado reflete entrevistas realizadas de fevereiro a dezembro de 2016 com 53 210 pessoas maiores de 18 anos em todas as capitais brasileiras. O sobrepeso cresceu [...] entre os homens, saltando de 47,5% para 57,7% em dez anos. Entre mulheres, o índice subiu de 38,5% para 50,5%. O levantamento também indica que o consumo de alimentos ultraprocessados e o sedentarismo estão impactando o avanço da obesidade e da prevalência de diabetes e hipertensão, doenças crônicas não transmissíveis, aquelas que pioram a condição de vida do brasileiro e podem até matar. O diagnóstico médico de diabetes passou de 5,5% em 2006 para 8,9% em 2016 e o de hipertensão, de 22,5% em 2006 para 25,7% em 2016. Em ambos os casos, o diagnóstico é mais prevalente em mulheres.

Brasileiro abandona as boas comidas tradicionais

A Pesquisa Vigitel revelou também uma mudança negativa no hábito alimentar da população. Trata-se de uma diminuição da ingestão de ingredientes considerados básicos e tradicionais na mesa do brasileiro. O consumo regular de feijão, por exemplo, diminuiu de 67,5% em 2012 para 61,3% em 2016. E apenas 1 entre 3 adultos consome frutas e hortaliças em cinco dias da semana.

Para o Ministério da Saúde, esse quadro mostra a transição alimentar no Brasil, que antes era a desnutrição e agora está entre os países que apresentam altas prevalências de obesidade [...].

↑ Banca de pastel em feira livre, Campinas (SP), 2018.

Brasileiro está comendo menos feijão e ficando mais gordo, revela pesquisa Vigitel. *Conselho Nacional de Segurança Alimentar e Nutricional*, 18 set. 2017. Disponível em: www4.planalto.gov.br/consea/comunicacao/noticias/2017/abril/brasileiro-abandona-comidas-tradicionais-e-esta-ficando-mais-gordo-revela-pesquisa-vigitel. Acesso em: 21 abr. 2019.

> Muitas vezes, o modo de vida atual prejudica a busca por uma alimentação saudável. O aumento no consumo de alimentos de rua, por exemplo, pode fornecer indícios a esse respeito. Além disso, o hábito de fazer refeições rápidas em horários não padronizados também influencia na qualidade alimentar.

1. A notícia comenta uma pesquisa em âmbito nacional que guarda semelhanças com as investigações feitas em 1948, 1954 e 2013 em âmbito local, lidas anteriormente. Quais são essas semelhanças?
2. Qual é a conclusão da pesquisa Vigitel?
3. De acordo com os textos lidos, de que forma a alimentação tradicional se relaciona com uma alimentação saudável?
4. Em sua opinião, vocês e os membros de suas famílias encontram-se em que situação na estatística brasileira? Considerando essa situação, é possível tomar atitudes para evitar os riscos à saúde?

Novos hábitos alimentares, novos guias de alimentação

Se, por um lado, o estilo de vida moderno exige rapidez no dia a dia, por outro, já se percebe a perda da qualidade alimentar por causa do consumo de alimentos processados e ultraprocessados, prontos ou semiprontos, cada vez mais acessíveis e fáceis de consumir. Com isso, a fome passou a ser compreendida como uma alimentação deficiente em nutrientes, sobretudo, vitaminas e minerais.

Desde a década de 1950, nutricionistas e outros especialistas em saúde pública elaboram e divulgam guias alimentares. A intenção dos guias mais antigos era informar os cidadãos sobre a ingestão equilibrada de calorias e nutrientes – vitaminas, minerais, carboidratos, proteínas e gorduras.

Ao longo do tempo, foram divulgadas diferentes formas de apresentar as informações de guias alimentares como a **roda de alimentos** e a **pirâmide alimentar**. Analise as imagens a seguir e observe se elas esclarecem suas dúvidas a respeito de nutrição.

Esquema ilustrativo da roda de alimentos

Alimentos energéticos: fornecem muitas calorias depois de serem processados pelo corpo. As gorduras (que também atuam na construção das células) proporcionam mais calorias que os carboidratos.

Alimentos reguladores: ricos em vitaminas e minerais, essenciais para a preservação da saúde.

Alimentos construtores: fornecem muita proteína, fundamental para a construção das células. Feijões e carnes são ricos em proteína.

Fonte: J. E. Dutra de Oliveira e J. S. Marchini. *Ciências nutricionais*. São Paulo: Sarvier, 1998. p. 27.

Esquema ilustrativo da pirâmide alimentar

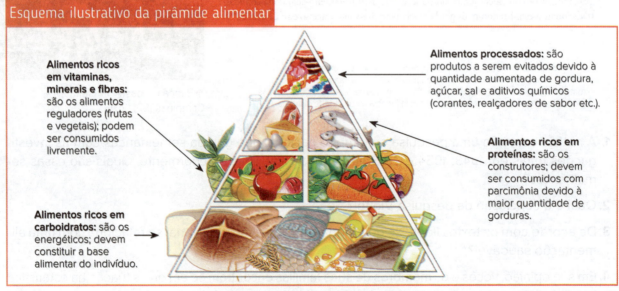

Alimentos processados: são produtos a serem evitados devido à quantidade aumentada de gordura, açúcar, sal e aditivos químicos (corantes, realçadores de sabor etc.).

Alimentos ricos em vitaminas, minerais e fibras: são os alimentos reguladores (frutas e vegetais); podem ser consumidos livremente.

Alimentos ricos em proteínas: são os construtores; devem ser consumidos com parcimônia devido à maior quantidade de gorduras.

Alimentos ricos em carboidratos: são os energéticos; devem constituir a base alimentar do indivíduo.

Fonte: Dieta: o que há de novo para viver mais e melhor. *Scientific American*, Duetto, ed. especial, n. 4, 2006.

O foco do *Guia alimentar para a população brasileira*, elaborado pelo governo federal em 2014, é diferente dos outros. Ele alerta para os problemas de saúde decorrentes do consumo de alimentos processados e ultraprocessados, predominantes na alimentação diária do mundo ocidental. O texto a seguir aponta alguns dados desse guia. Leia-o e compare-o com as informações apresentadas anteriormente.

■ CULINÁRIA

Alimentos *in natura* ou minimamente processados

Faça de alimentos *in natura* ou minimamente processados a base de sua alimentação.

Alimentos *in natura* são aqueles obtidos diretamente de plantas ou de animais (como folhas e frutos ou ovos e leite) e adquiridos para consumo sem que tenham sofrido qualquer alteração após deixarem a natureza. Alimentos minimamente processados são alimentos *in natura* que, antes de sua aquisição, foram submetidos a alterações mínimas. Exemplos incluem grãos secos, polidos e empacotados ou moídos na forma de farinhas, raízes e tubérculos lavados, cortes de carne resfriados ou congelados e leite pasteurizado.

Alimentos *in natura* são aqueles que não passaram por alterações após deixarem a natureza.

Óleos, gorduras, sal e açúcar

Modere o consumo de óleo, gorduras, sal e açúcar.

Utilize óleos, gorduras, sal e açúcar em pequenas quantidades ao temperar e cozinhar alimentos e criar preparações culinárias.

Desde que utilizados com moderação em preparações culinárias com base em alimentos *in natura* ou minimamente processados, os óleos, as gorduras, o sal e o açúcar contribuem para diversificar e tornar mais saborosa a alimentação sem que fique nutricionalmente desbalanceada.

O óleo, assim como o sal e o açúcar, deve ser consumido em pequena quantidade.

Alimentos processados

Limite o uso de alimentos processados, consumindo-os, em pequenas quantidades, como ingredientes de preparações culinárias ou como parte de refeições baseadas em alimentos *in natura* ou minimamente processados [...].

Alimentos processados são produtos relativamente simples e artigos fabricados essencialmente com a adição de sal ou açúcar (ou outra substância de uso culinário como óleo ou vinagre) a um alimento *in natura* ou minimamente processado [...].

Os enlatados são exemplos de alimentos processados.

Alimentos processados incluem as conservas de alimentos inteiros preservados em salmoura ou em solução de sal e vinagre, frutas inteiras preservadas em açúcar, vários tipos de carne adicionada de sal e peixes conservados em sal ou óleo, queijos feitos de leite e sal (e microrganismos usados para fermentar o leite) e pães feitos de farinha de trigo, água e sal (e leveduras usadas para fermentar a farinha) [...].

Embora o alimento processado mantenha a identidade básica e a maioria dos nutrientes do alimento do qual deriva, os ingredientes e os métodos de processamento utilizados na fabricação alteram de modo desfavorável a composição nutricional.

A adição de sal ou açúcar, em geral em quantidades muito superiores às usadas em preparações culinárias, transforma o alimento original em fonte de nutrientes cujo consumo excessivo está associado a doenças do coração, obesidade e outras doenças crônicas.

Alimentos ultraprocessados

Evite alimentos ultraprocessados.

O que são?

Alimentos ultraprocessados são formulações industriais feitas inteiramente ou majoritariamente de substâncias extraídas de alimentos (óleos, gorduras, açúcar, amido, proteínas), derivadas de constituintes de alimentos (gorduras hidrogenadas, amido modificado) ou sintetizadas em laboratório com base em matérias orgânicas como petróleo e carvão (corantes, aromatizantes, realçadores de sabor e vários tipos de aditivos usados para dotar os produtos de propriedades sensoriais atraentes). Técnicas de manufatura incluem extrusão, moldagem, e pré-processamento por fritura ou cozimento.

Exemplos

Vários tipos de biscoitos, sorvetes, balas e guloseimas em geral, cereais açucarados para o desjejum matinal, bolos e misturas para bolo, barras de cereal, sopas, macarrão e temperos "instantâneos", molhos, salgadinhos "de pacote", pães industrializados de vários tipos, produtos congelados e prontos, salsichas, refrescos e refrigerantes [...], pães para hambúrguer ou *hot dog*, pães doces e produtos panificados cujos ingredientes incluem substâncias como gordura vegetal hidrogenada, açúcar, amido, soro de leite, emulsificantes e outros aditivos [...].

Os refrigerantes estão entre os produtos ultraprocessados mais consumidos. É um produto pobre nutricionalmente e com alto teor de açúcar, com o agravante que vem sendo dado às crianças desde os primeiros anos de vida, solidificando o hábito de consumi-lo.

Há muitas razões para evitar o consumo de alimentos ultraprocessados. Essas razões estão relacionadas à composição nutricional desses produtos, às características que os ligam ao consumo excessivo de calorias e ao impacto que suas formas de produção, distribuição, comercialização e consumo têm sobre a cultura, a vida social e sobre o meio ambiente [...].

Assim, em resumo, a composição nutricional desbalanceada inerente à natureza dos ingredientes dos alimentos ultraprocessados favorece doenças do coração, diabetes e vários tipos de câncer, além de contribuir para aumentar o risco de deficiências nutricionais.

Brasil. Ministério da Saúde. *Guia alimentar para a população brasileira*. 2. ed. Brasília, 2014. Disponível em: http://bvsms.saude.gov.br/bvs/publicacoes/guia_alimentar_populacao_brasileira_2ed.pdf. Acesso em: 21 abr. 2019.

VAMOS APROFUNDAR

1. Qual é a finalidade de um guia alimentar?

2. Vocês já conhecem algum dos guias alimentares apresentados? Quais?

3. Na opinião de vocês, o *Guia alimentar para a população brasileira* foi publicado em resposta a qual problema de saúde bastante comum na atualidade? O que ele pretende prevenir?

4. Quando estamos diante de diversas marcas de bolos ou biscoitos, com diferentes recheios e coberturas, aparentemente há muita variedade alimentar. Mas todos eles são feitos predominantemente de farinha, gordura e açúcar; portanto, são originados de poucas espécies vegetais já processadas. Com base nas orientações dos guias alimentares, responda: Por que é importante conhecermos essas informações antes de decidir adquirir esse tipo de produto?

5. Compare a roda alimentar e a pirâmide alimentar com o *Guia alimentar para a população brasileira* e aponte as diferenças.

6. Analise a tabela e explique quais são as vantagens de comer os alimentos na sua forma *in natura* ou processada, evitando o modo ultraprocessado.

In natura	Processado	Ultraprocessado
Leite batido com morango	Morango em calda	Biscoito recheado de morango ou sobremesa láctea de morango
milho	Óleo de milho	Salgadinho de milho
peixe	Peixe em conserva	Peixe empanado (*nuggets*) congelado

VAMOS AGIR

Aprofundem-se na análise dos guias alimentares e, com base nas informações analisadas, desenvolvam um guia adequado a cada um de vocês.

Procedimento

1. Estudem e analisem os guias alimentares da roda e da pirâmide. Troquem impressões sobre as orientações que eles apresentam e registrem suas observações.

2. Comparem suas observações com as orientações do *Guia alimentar para a população brasileira*. Aproveitem o conteúdo desenvolvido para rever as atividades da seção **Vamos aprofundar** anterior.

3. Respondam à questão: Em que parte do *Guia alimentar para a população brasileira* se encontram, de forma resumida, as diretrizes dos guias anteriores?

4. Por fim, elaborem um guia que combine as diretrizes antigas com a nova proposta.

Comida e biodiversidade

Os vegetais e os animais consumidos em nossa alimentação têm origem em algum ecossistema e compõem a biodiversidade do planeta. Os intercâmbios culturais, ocorridos entre diferentes sociedades ao longo da história, promoveram a introdução de novas espécies nos mais diversos ecossistemas. Por exemplo, o coco, a manga e a cana-de-açúcar, muito difundidos no Brasil, são originários do sul e sudeste da Ásia. O hábito de criar aves, suínos e caprinos, que não existiam no continente americano, chegou com os europeus. O tomate, o cacau e o milho eram cultivados por civilizações mesoamericanas e foram, após a chegada dos europeus ao continente americano, exportados para o restante do mundo.

Durante todo o Período Colonial no Brasil, houve disputa por áreas para cultivo entre colonos europeus e indígenas. A agricultura indígena se baseava, sobretudo, no cultivo da mandioca, do amendoim e do tabaco, além da extração da flora local. As comunidades indígenas eram – e em muitos casos ainda são – coletoras nas florestas da região, onde também mantinham suas roças. No começo da colonização do território, a extração do pau-brasil foi importante para o estabelecimento dos primeiros portugueses. No entanto, foi a monocultura de cana-de-açúcar, na atual Região Nordeste, e seu posterior declínio, que deu início a um processo de interiorização que desencadeou grandes disputas territoriais entre indígenas e colonizadores.

No final do século XIX, as disputas por terrenos permaneciam vivas. No Rio Grande do Sul, por exemplo, os colonos alemães e italianos ocuparam terras da etnia indígena kaingang. Tal grupo fazia a coleta de pinhões e o manejo florestal, com conhecimentos tradicionais sobre os cuidados necessários para a manutenção dos bosques de araucárias. Além disso, os indígenas sabiam demarcar as árvores de modo a separar os territórios de extração.

→ A ilustração reproduz os padrões geométricos dos desenhos dos nativos sobre as araucárias.

Fonte: Jorge Vivan. *Agricultura e florestas: princípios de uma interação vital.* Guaíba: Agropecuária, 1998. p. 18-19.

Os debates sobre o cultivo tradicional, a extração e a monocultura se aprofundaram durante o século XX. A chamada **Revolução Verde** consolidou um modelo de agricultura baseado em grandes monoculturas e no uso de agrotóxicos e adubos sintéticos (derivados de petróleo). Esse modelo é bastante comum no Brasil, sobretudo na produção de produtos que visam o mercado externo. Contudo, é criticado por causar problemas à saúde humana, perda de biodiversidade, esgotamento dos solos, poluição de recursos hídricos, entre outros.

Por outro lado, na atualidade, existem propostas para a manutenção dos ecossistemas associados à produção agrícola dirigida para a saúde dos consumidores. Há diversas técnicas para a recuperação das águas, dos solos e da biodiversidade nas áreas degradadas. São práticas que tiram o ser humano da posição de explorador e o tornam responsável pelos ecossistemas. A agricultura orgânica, a agroecologia, a agrofloresta e a **permacultura** são exemplos dessas práticas. Nelas, desenvolvem-se técnicas que resgatam conhecimentos de povos indígenas ou de comunidades tradicionais (quilombolas, ribeirinhas etc.) a respeito dos ciclos da natureza e das espécies que habitam tais regiões.

↑ Plantação de mandioca e banana em propriedade rural que usa técnicas agrícolas cujo objetivo é o aproveitamento sustentável do solo. Feijó (AC). Produtores rurais recuperam áreas degradadas plantando árvores de madeira de lei (de crescimento lento) associadas a espécies como feijão, abóbora, milho, banana e outras para consumo rápido.

> **GLOSSÁRIO**
>
> **Permacultura:** nesse modelo, buscam-se sistemas de trabalho justos e éticos ao longo de toda a cadeia produtiva, do plantio à venda. Valorizam-se técnicas do conhecimento ancestral, procurando utilizar recursos que causem menos impacto no ambiente. Além disso, preza-se pela diversidade de produtos cultivados e mantém a harmonia com plantas nativas.

1. Especifique de que modo os colonizadores europeus modificaram a biodiversidade brasileira para a produção de alimentos. Quais seriam as vantagens ou desvantagens dessas modificações?

2. Elabore um comentário para o título de matéria a seguir.

Apicultores brasileiros encontram meio bilhão de abelhas mortas em três meses

Casos foram detectados no Rio Grande do Sul, Santa Catarina, São Paulo e Mato Grosso do Sul. Análises laboratoriais identificaram agrotóxicos em cerca de 80% dos enxames mortos no RS

Pedro Grigori. *Repórter Brasil*, 7 mar. 2019. Disponível em: https://reporterbrasil.org.br/2019/03/apicultores-brasileiros-encontram-meio-bilhao-de-abelhas-mortas-em-tres-meses. Acesso em: 21 abr. 2019.

1. Pesquise exemplos de práticas de agricultura orgânica, de agroecologia, de agroflorestas ou de permacultura.

2. Especifique as vantagens ecológicas da prática pesquisada.

3. Apresente sua pesquisa por meio de cartazes ou *slides*, organizando informações e imagens a respeito da prática investigada.

ETAPA 2 FAZENDO ACONTECER

Volte à questão norteadora do projeto na seção **Direto ao ponto** e converse com os colegas para levantar respostas de acordo com o estudado até o momento.

> Por que a alimentação é mais do que escolha pessoal?

Orientações gerais

Em grupo

1. Tomem nota das principais ideias discutidas em sala de aula. Depois, organizem-se em grupos para trabalhar mais especificamente os temas das propostas investigativas e ampliar as respostas à questão norteadora.

2. Todas as propostas a seguir têm em vista a preparação de um seminário, seguido de debate, com o tema "Boa alimentação: tradição ou modernidade?".

3. Para o dia do debate, os grupos podem preparar recursos audiovisuais de apoio aos debatedores: vídeos de conteúdo, apresentações em *slides*, entrevistas e outros meios de mostrar seus pontos de vista e as informações obtidas nas investigações.

4. Sigam as diretrizes abaixo, que auxiliarão na elaboração dos seminários.

- Comentários sobre as transformações dos hábitos alimentares dos brasileiros em paralelo com as transformações históricas, em diferentes lugares do território nacional, conforme levantado durante a investigação.
- Sugestões de mudanças de cardápio para tornar nossos hábitos alimentares mais saudáveis.
- Discussões sobre o valor nutritivo e o valor do convívio entre as pessoas, além de outras vantagens da boa alimentação descobertas por meio da análise dos guias de alimentação recomendados para as propostas.

PROPOSTA INVESTIGATIVA 1

COMIDA AFRO-BRASILEIRA: TRADIÇÃO E TRANSFORMAÇÃO

> **Metas**
> - Identificar permanências e mudanças na sociedade brasileira tendo como ponto de partida a culinária afro-brasileira.
> - Avaliar pratos típicos dessa tradição usando critérios de nutrição saudável.

Primeira fase

Em grupo

1. Analisem as metas e combinem como serão feitas as investigações individuais.

Individualmente

2. Pesquise a presença da culinária afro-brasileira em sua cidade ou comunidade. Observe em que lugares ou contextos ela é servida, como restaurantes, festivais culinários, celebrações religiosas, casas de pessoas da comunidade, entre outros. Descubra quais são as receitas importantes nos contextos identificados.

Conheça um pouco dessa tradição no quadro a seguir.

Muitos pratos de herança africana são típicos da culinária baiana e se disseminaram pelo país.

Acarajé – receita muito popular; é um bolinho de feijão-fradinho frito no óleo de dendê. Come-se normalmente acompanhado de vatapá e camarão. A palavra **acarajé** vem do iorubá e significa "bolo de fogo".

Abará – feito com a mesma massa do acarajé, acrescida de camarões secos moídos e gengibre. Em vez de frito, ele é enrolado em uma folha de bananeira e cozido.

Bobó de camarão e ipeté – enquanto o bobó é um purê de mandioca, acompanhado com camarões e diversos temperos, o ipeté é feito com inhame (raiz de origem africana).

Caruru – é um cozido de quiabo com pedaços de carne, frango ou peixe, camarões secos, azeite de dendê e pimenta.

Quiabo – o quiabo é uma planta de origem africana bastante comum na mesa do brasileiro.

↑ O acarajé é um dos pratos mais apreciados da culinária baiana.

→ O caruru costuma ser servido com acarajé ou abará.

Segunda fase

Em dupla

1. Com base na pesquisa realizada, respondam às questões a seguir no caderno.
    a) Há comidas pesquisadas que mesclam a tradição africana com a indígena, em que há muita mandioca e beiju (ou tapioca)?
    b) Como e por que esses pratos se modificaram com a modernidade?
    c) Como a culinária afro-brasileira situa-se em relação ao *Guia alimentar para a população brasileira*, estudado anteriormente?
    d) Caso tenham encontrado poucos exemplos (ou nenhum) da culinária afro-brasileira na cidade de vocês, reflitam sobre as seguintes questões: Existe uma comunidade negra na cidade? Se não existe, quais seriam as razões históricas para essa ausência? E, se essa comunidade existe, por que não prepara ou consome a culinária afro-brasileira?
    e) Quem são as baianas do acarajé, responsáveis pela produção desse alimento que hoje é patrimônio cultural? Pesquise no texto da seção **Apoio** ao lado.

Em grupo

2. Respondidas as questões, concluam a análise e façam um resumo com base nas metas desta proposta.
3. Preparem sua participação no debate, destacando como vocês se posicionam diante do tema "Boa alimentação: tradição ou modernidade?".
4. Ilustrem suas descobertas com imagens para mostrar ao público.

APOIO

Baiana do acarajé é patrimônio cultural do Brasil. *Governo do Brasil*, 23 dez. 2017. Esse texto explica por que as baianas do acarajé são consideradas símbolo histórico do estado da Bahia e do país. Em 2005, foram reconhecidas como patrimônio cultural do Brasil pelo Instituto do Patrimônio Histórico e Artístico Nacional (Iphan). Disponível em: www.brasil.gov.br/noticias/turismo/2013/11/baiana-do-acaraje-e-patrimonio-cultural-do-brasil. Acesso em: 2 jun. 2019.

PROPOSTA INVESTIGATIVA 2

COMIDA CAIPIRA: TRADIÇÃO E TRANSFORMAÇÃO

Primeira fase

Em grupo

1. Identifiquem na **Etapa 1** os trechos sobre a alimentação dos chamados caipiras, isto é, habitantes do interior do Brasil, sobretudo da Região Sudeste. Como era essa comida? Reúnam as informações.

Individualmente

2. Descubra em que consiste a culinária que hoje é chamada de caipira. Pesquise na internet, em livros de receitas, em restaurantes e perguntando aos mais velhos. Ao longo da pesquisa, tenha em vista os seguintes objetivos:
   - analisar, na culinária, elementos de permanência da cultura caipira;
   - observar os impactos da modernização e do desenvolvimento industrial nas transformações da culinária caipira.

> **Metas**
> - Identificar permanências e mudanças na sociedade brasileira tendo como ponto de partida a culinária caipira.
> - Avaliar pratos típicos dessa tradição usando critérios de nutrição saudável.

Comida caipira: ontem e hoje

Pode-se dizer que a autêntica culinária caipira está baseada em um ritmo mais lento e natural, tanto na produção de seus ingredientes como em seu preparo. Muitas vezes, essa culinária preza pela cocção lenta, o que possibilita a apuração dos sabores. Isso ocorre por causa de sua origem, no tempo em que os fogões a lenha ainda eram predominantes nas cozinhas. Outro ponto é a produção conjunta da maioria dos ingredientes, seja na pequena unidade familiar de produção – os sítios –, seja nas grandes fazendas, levando em conta também a sazonalidade dos produtos. Por exemplo, na época da colheita do milho, são feitos os quitutes à base desse ingrediente, como a pamonha e o curau.

Hoje, dependendo da região e cidade em que moramos, podemos encontrar a maioria dos produtos-base da culinária caipira em todas as épocas do ano. Adicionalmente, além do fogão a gás, é comum o uso de panelas de pressão (que diminuem o tempo de cozimento). Podemos encontrar, ainda, restaurantes especializados e hotéis-fazenda que produzem comida caipira como nos tempos antigos.

↑ Nessa cozinha rústica, típica da tradição caipira, o forno a lenha é um dos elementos mais marcantes do ambiente.

↑ Nessa cozinha, o forno a lenha está presente, mas acompanhado de elementos modernos, como o fogão a gás (ao fundo) e aparelhos elétricos, como geladeira e *freezer*.

Segunda fase

Em dupla

Quais são as raízes da culinária caipira? A reportagem a seguir apresenta um importante festival gastronômico e discute a questão.

Viagem à gênese da comida caipira

[...]

Às vésperas do festival paulista [Fartura], a equipe excursionou pelo Vale do Paraíba e região, à procura da gênese da cozinha caipira, apoiada no milho, no porco, na galinha, no feijão.

Rodou cidades interioranas e sítios na tentativa de identificar o que particulariza o caipira outrora simbolizado por Monteiro Lobato (1882-1948). Ainda que essa figura tenha sido desprezada e estigmatizada, ligada a uma ideia de pobreza e miséria, hoje nota-se um movimento de ressurgimento e revalorização desse modo de vida. [...]

O cozinheiro Rafael Cardoso, por exemplo, deixou a cidade grande e voltou à roça, aos pés da Serra da Bocaina, para inspirar-se na sabedoria caipira, que desenvolveu uma cultura sustentável, de subsistência e troca. Voltou para redescobrir o "tempo da terra", violentado pela modernidade.

Ele está a recuperar porcos e milhos crioulos, que transforma em bolo de fubá, em broa, em bolinho de chuva. No [festival] Fartura, pois, fará porcos que cria soltos, alimentados com frutas, grãos e capim fresco, assados em fogo de chão, símbolo de celebração no meio rural – e que possamos também festejar. [...]

Luiza Fecarotta. Caminho da roça. *Folha de S.Paulo*, 29 jul. 2018. Disponível em: https://temas.folha.uol.com.br/fartura/o-festival/viagem-a-genese-da-comida-caipira.shtml. Acesso em: 22 abr. 2019.

1. Quais esclarecimentos o texto traz para sua pesquisa?
2. Busquem seus temas de pesquisa na internet utilizando os termos "comida caipira", "tradição" e "modernidade". O que foi encontrado? O assunto aparece com recorrência?

Em grupo

3. Depois do levantamento, vocês podem responder às questões a seguir após discuti-las conjuntamente.

   a) A culinária caipira continua sendo preparada do mesmo modo e com os mesmos elementos do passado? O que mudou e o que foi incorporado da modernidade?

   b) Quais ingredientes da culinária caipira tradicional permanecem na culinária caipira moderna?

   c) Qual é a diferença entre a culinária caipira moderna e a tradicional? Como elas se relacionam à mudança dos modos de vida no Brasil ao longo do século XX?

   d) A comida caipira está adequada aos critérios do *Guia alimentar para a população brasileira*, estudado anteriormente? Selecionem alguns pratos para avaliar.

↑ Pratos da culinária caipira em Pouso Alegre (MG). A comida caipira está presente em vários pratos da culinária brasileira.

4. Com base nos levantamentos ou estudos feitos individualmente, elaborem resumos para terminar a investigação, respondendo às metas da proposta.
5. Preparem sua participação no debate destacando como vocês se posicionam em relação ao tema "Boa alimentação: tradição ou modernidade?".
6. Ilustrem suas descobertas com fotografias ou desenhos para mostrar ao público.

PROPOSTA INVESTIGATIVA 3

COMIDA INDUSTRIALIZADA EM NOSSOS COSTUMES

Metas
- Avaliar o uso de alimentos industrializados por nossas famílias considerando permanências e mudanças desde o tempo de nossos avós.
- Avaliar as refeições familiares atuais usando critérios de nutrição saudável.

Primeira fase

Em grupo

Nesta fase, serão realizadas entrevistas sobre hábitos alimentares. Elas devem ser feitas com pessoas acima de 60 anos com as quais vocês convivam.

1. Leiam o roteiro a seguir. Utilizem-no para entrevistar pelo menos quatro pessoas, fazendo as adaptações necessárias.

Roteiro básico de entrevista	
Nome do entrevistado e ano de nascimento	
Onde viveu a infância e a juventude	
Perguntas relacionadas aos hábitos alimentares do passado	Onde você fazia suas refeições? Quem preparava suas refeições? Quais alimentos eram fáceis de obter? Quais eram mais raros à mesa? Quais eram os mais desejados? Você consumia alimentos processados ou industrializados? Quais?

Individualmente

2. Faça e registre uma entrevista.
3. Observe no cardápio da família se há alimentos *in natura* e quanto de sal, óleo e produtos processados ou ultraprocessados são usados. Procure verificar se esse cardápio atende aos critérios do *Guia alimentar para a população brasileira*. Anote suas observações, no mínimo, durante uma semana.

Segunda fase

Em dupla

1. Visitem o mercado local e verifiquem a quantidade de prateleiras de alimentos industrializados e de alimentos *in natura*. Tirem fotografias e organizem o material para apresentar ao grupo.

ATENÇÃO!

Antes de fotografar as prateleiras, conversem com um funcionário do estabelecimento e expliquem a proposta do projeto e o que farão, pois alguns estabelecimentos não permitem o registro de imagens dentro da loja.

Em grupo

1. Com base nos levantamentos feitos individualmente, em dupla e em grupo, a turma deve comparar respostas e elaborar resumos para concluir a investigação, de acordo com as metas da proposta. Como apoio, consultem os guias de alimentação já estudados.
2. Preparem a participação no debate destacando como vocês se posicionam diante do tema "Boa alimentação: tradição ou modernidade?".
3. Ilustrem suas descobertas com fotografias ou desenhos para mostrar ao público.

Criança diante de prateleira de supermercado.

PROPOSTA INVESTIGATIVA 4
PRODUZINDO O PRÓPRIO ALIMENTO

Primeira fase
Em grupo

Metas
- Investigar as Plantas Alimentícias Não Convencionais (PANCs) e hortas comunitárias e estudar a viabilidade de pôr em prática essas propostas em sua cidade ou comunidade.
- Divulgar iniciativas de alimentação nutritiva de baixo custo e sustentáveis.

1. Analisem as metas e combinem como serão feitas as investigações individuais. Elas deverão envolver propostas alternativas de alimentação, visto que, recentemente, habitantes tanto da cidade quanto do campo têm buscado mais autonomia alimentar. Eles vêm produzindo o próprio alimento em hortas urbanas ou coletando-o em ecossistemas nativos. Esses grupos valorizam plantas menos conhecidas, que não são cultivadas comercialmente. Elas são chamadas de Plantas Alimentícias Não Convencionais (PANCs).

Individualmente

2. Descubra como estão estruturadas as hortas domésticas e comunitárias urbanas. Como observamos no trecho a seguir, a imprensa tem divulgado esse assunto.

Horta urbana gera renda e melhora alimentação de moradores do município de Lavras, Sul de Minas

No município de Lavras, no Sul de Minas, um trabalho envolvendo moradores, Emater-MG e prefeitura transformou uma área abandonada em uma horta comunitária. A ação tem gerado renda para os moradores e melhorado a alimentação do grupo.

O espaço tem seis mil metros quadrados e fica no Conjunto Habitacional Júlio Sidney Pinto. De acordo com o presidente da Associação dos Produtores de Hortaliças de Lavras, Ronan Alves, muitos moradores queriam cultivar hortaliças para o próprio consumo e como mais uma opção de renda. "Daí surgiu essa ideia. Com isso, eliminamos o problema de descarte de lixo em local impróprio e ajudamos os moradores com a implantação da horta", diz.

O projeto beneficia 34 famílias e melhorou a alimentação de cerca de 130 pessoas. A produção segue o sistema agroecológico. Ou seja, alimentos mais saudáveis e produzidos sem o uso de agrotóxicos e adubos químicos.

"No início, a horta foi idealizada para a subsistência dos moradores do conjunto habitacional. Hoje, um pouco do excedente já é comercializado", conta o extensionista da Emater-MG, Elter Rodrigues Vieira.

Sebastião Avelar. Horta urbana gera renda e melhora alimentação de moradores do município de Lavras, Sul de Minas. *Emater Minas Gerais*, 24 jul. 2017. Disponível em: www.emater.mg.gov.br/portal.do?flagweb=novosite_pagina_interna&id=21185. Acesso em: 22 abr. 2019.

Horta comunitária idealizada pela prefeitura de Sete Lagoas, outro município do estado de Minas Gerais que conta com esse tipo de programa.

3. Utilizando a internet, busque pessoas que cultivem ou coletem vegetais considerados PANCs. Aproveite essa procura para se aprofundar no tema.

→ Detalhe das flores de ora-pro-nóbis, planta trepadeira espinhenta rica em ferro, da qual se comem as folhas.

Segunda fase

Em dupla

1. Se houver alguma horta ou outro cultivo de alimentos nas proximidades, agendem uma visita. Nesse caso, preparem antes um roteiro para a entrevista e levem um celular ou câmera para tirar fotografias.

Em grupo

2. Depois do levantamento, respondam às questões a seguir.
    a) Por que algumas pessoas das cidades estão começando a valorizar a autonomia alimentar, representada pelo consumo das PANCs, e engajando-se no plantio de hortas comunitárias?
    b) Quais as vantagens ambientais de consumir PANCs ou cultivar esses alimentos em hortas?
    c) Quais são as intenções de uma horta comunitária? Elas estão restritas à alimentação?
3. Com base nos levantamentos feitos durante o processo investigativo, sintetizem as ideias para concluir a investigação, de acordo com as metas da proposta.
4. Preparem sua participação no debate destacando como vocês se posicionam diante do tema "Boa alimentação: tradição ou modernidade?".
5. Ilustrem suas descobertas com fotografias ou desenhos para mostrar ao público.

APOIO

11 plantas alimentícias não convencionais que você precisa conhecer. BOL, 17 jan. 2018. Lista com 11 espécies de plantas no Brasil outrora tratadas como "mato", mas que podem ser consumidas como alimento. Disponível em: www.bol.uol.com.br/listas/11-plantas-alimenticias-nao-convencionais-que-voce-precisa-conhecer.htm. Acesso em: 3 jun. 2019.

A cidade e a roça: semeando agroecologia, de Thiago M. Barbosa (Projeto Semeando Agroecologia). Cartilha que apresenta experiências de agroecologia em comunidades urbanas e rurais, com ilustrações, imagens, listas e muitos textos. Disponível em: http://aspta.org.br/wp-content/uploads/2011/11/Cartilha_Semeando-Agroecologia.pdf. Acesso em: 2 jun. 2019.

Plantas Alimentícias Não Convencionais (PANCs), de Vanessa Sardinha dos Santos. Mundo Educação. Reportagem que apresenta o conceito de PANCs e seu criador, o biólogo Valdely Kinupp. Disponível em: https://mundoeducacao.bol.uol.com.br/biologia/plantas-alimenticias-nao-convencionais-pancs.htm. Acesso em: 26 abr. 2019.

ETAPA 3 — RESPEITÁVEL PÚBLICO

É chegada a hora de finalizar as propostas investigativas feitas pelos grupos e divulgá-las a um público mais amplo. Todas elas se relacionam ao tema geral do projeto e à questão do quadro **Direto ao ponto** (página 9).

Os produtos finais são momentos de troca e de compartilhamento, entre vocês, do que foi aprendido durante o processo. É justamente a participação de cada um nas apresentações de todos os grupos que possibilita a compreensão do tema do projeto de forma mais ampla.

> **Produto final**
>
> Apresentação de trabalhos dos grupos e, depois, debate sobre o tema "Boa alimentação: tradição ou modernidade?".

Para a apresentação, é necessário pensar como será organizado e exibido o material visual. Envolvam o público utilizando formas inusitadas e criativas de expor os conhecimentos e as descobertas sobre as comidas brasileiras.

Marquem com a coordenação e os professores uma data para o evento. Convidem colegas e pessoas da comunidade escolar para assistir e participar, especialmente aqueles envolvidos no processo de investigação.

Avaliação coletiva

Em uma aula com os professores de História, Ciências e Geografia, todos vocês conversarão sobre o desenvolvimento do projeto escolhido. Inicialmente, debatam as seguintes questões:

- O que aprendemos com este estudo?
- O que já sabíamos?
- O que nos interessou mais?

Reunindo as fichas individuais de participação, procederemos à autoavaliação e avaliação do projeto.

Avaliação individual

Conclua a avaliação feita ao longo do projeto. É o momento de verificar seu desempenho na execução dele em conjunto com a avaliação dos docentes e a autoavaliação.

> São os hábitos alimentares construídos desde a infância que influenciam o paladar dos indivíduos ao longo da vida. Aqueles primeiros alimentos consumidos marcam a sensibilidade gustativa. Por isso, é importante que a criança tenha contato com produtos de qualidade, reforçando as boas tradições do grupo. Isso inclui sabor agradável e preparo dos alimentos com ingredientes saudáveis e com poucos aditivos químicos.

PROJETO 2
Moradias, tradição e sustentabilidade

A moradia não se limita ao espaço construído; ela é parte do ambiente. É afetada pelas condições naturais e sociais, com as quais interage. A construção, a manutenção e a dinâmica das moradias são resultado do trabalho e do afeto de quem mora nelas, bem como das transformações de materiais e do uso de energia.

No mundo todo encontramos diferentes moradias com soluções desenvolvidas por cada grupo para melhor interagir com os fatores ambientais e melhor utilizar recursos materiais disponíveis. Por isso, elas trazem marcas socioculturais de diferentes tempos, além de apresentar tradições e inovações.

Atualmente, temos mais consciência das transformações que causamos em nosso planeta. E uma das soluções encontradas para minimizar o impacto das habitações no meio ambiente é a construção de moradias sustentáveis, criadas com base em tecnologias tradicionais e modernas. Essas moradias visam contemplar metas de sustentabilidade, como aproveitar ao máximo os recursos naturais do local, além de economizar eletricidade e água.

DE OLHO NO TEMA

Turfa é um "tapete verde" formado principalmente por musgos. Na Islândia, país localizado na Europa próximo ao Círculo Polar Ártico, desde o século IX muitas casas são recobertas por turfa, aplicada sobre uma estrutura de madeira ou pedra. Ela proporciona isolamento térmico superior a outros materiais comuns de construção.

- A turfa, em locais frios, e a palha, usada em casas de algumas regiões do Brasil, são soluções tradicionais que poderiam ser aplicadas em qualquer região do planeta?
- Por que turfa e palha são exemplos de materiais sustentáveis?
- Nas casas brasileiras, cimento, tijolo e telha de barro são materiais comuns. Você conhece moradias feitas de outros materiais no Brasil e no mundo? De que são feitas? Podem ser consideradas sustentáveis?

> **DIRETO AO PONTO**
>
> É possível morar de modo confortável e sustentável em lugares com diferentes climas? Como?

JUSTIFICATIVAS

- Propostas de sustentabilidade têm se estendido para várias esferas de atividades humanas. Em relação às moradias, a Arquitetura e a Engenharia desenvolvem constantemente tecnologias e empregam materiais direcionados para o uso sustentável dos recursos naturais. O estudo de moradias de povos tradicionais inspira alternativas sustentáveis, viabilizando o compromisso com a conservação do planeta para as gerações futuras.

OBJETIVOS

- Observar como alguns povos adaptaram suas moradias às características do ambiente local e paisagens.
- Conhecer propostas de moradias sustentáveis criadas por povos distintos com diferentes recursos tecnológicos.
- Utilizar processos e ferramentas matemáticas para modelar e resolver problemas relacionados à construção de moradias.
- Aplicar conhecimentos de sustentabilidade e proporcionalidade em uma maquete feita em grupo.

QUAL É O PLANO?

Etapa 1 – Explorando o assunto

- Conforto térmico nas moradias
- Moradias sustentáveis
- Moradias tradicionais

Etapa 2 – Fazendo acontecer

- **Proposta investigativa 1** – Moradia sustentável em lugar quente e úmido
- **Proposta investigativa 2** – Moradia sustentável em lugar quente e seco
- **Proposta investigativa 3** – Moradia sustentável em lugar temperado ou frio

Etapa 3 – Respeitável público

- Apresentação do produto final

Balanço final

- Avaliação e individual

Avaliação continuada: Vamos conversar sobre isso?

↓ Construção sustentável em Uarini (AM).

ETAPA 1 — EXPLORANDO O ASSUNTO

Conforto térmico nas moradias

Morar está diretamente relacionado à sensação de proteção e aos sentimentos de afeto e pertencimento que podemos encontrar em nossas casas. Esses aspectos subjetivos ou psicológicos estão entre os principais itens que dão significado a "casa" para o ser humano. Por essa razão, refletir sobre a melhoria das moradias deve ser um incentivo ao crescimento pessoal e ao bom convívio entre as pessoas que vivem juntas.

Podemos encontrar moradias relativamente diferentes: algumas mais sofisticadas, outras mais simples, variando de acordo com as condições econômicas dos moradores e a cultura local.

Tanto no meio urbano quanto no rural, as moradias proporcionam diferentes graus de conforto e condições para a saúde. Além do espaço disponível, o conforto da casa depende de fatores como temperatura ambiente, isolamento acústico, iluminação, umidade, ventilação, entre outros. A observação de tais aspectos cumpre papel importante também para a saúde, pois o excesso de umidade e a falta de luz facilitam a formação de fungos. Já a falta de ventilação dificulta a dispersão de poluentes, esporos e microrganismos prejudiciais à saúde. O isolamento acústico, por sua vez, proporciona mais privacidade aos ocupantes de casas e edifícios.

A radiação solar, a temperatura do ar e da superfície, a umidade e o vento são fatores climáticos que influem no microclima da moradia e na saúde de seus ocupantes. A arquitetura de uma casa pode favorecer ou prejudicar a interação com esses fatores, contribuindo para maior ou menor conforto térmico. O telhado cumpre função essencial na interação com o ambiente, pois é a área da casa que recebe maior incidência de luz e calor solar.

Posicionamento do edifício no terreno

Observe no esquema a seguir como o posicionamento de um edifício pode afetar sua iluminação ao longo do dia, conforme o Sol atinge as faces da construção.

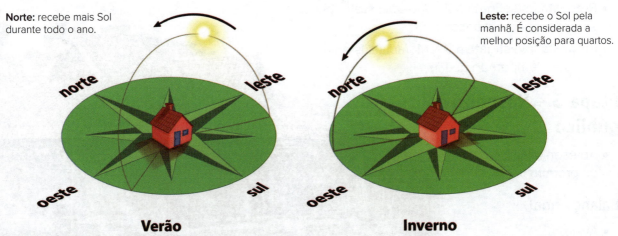

Norte: recebe mais Sol durante todo o ano.

Leste: recebe o Sol pela manhã. É considerada a melhor posição para quartos.

Verão

Inverno

Oeste: recebe mais luz e calor no período da tarde, quando o edifício já está aquecido pelo Sol da manhã. É a face que mais se aquece, permanecendo assim no período da noite.

Sul: é a face menos ensolarada, especialmente no inverno. É imprópria para quarto de crianças. Para evitar acúmulo de umidade, é importante que o cômodo receba luz.

↑ O verão é a estação do ano em que o Sol se mostra a pino ao meio-dia. Já no inverno, o Sol percorre um arco mais inclinado em relação ao horizonte, de modo que o aquecimento é menos intenso.

Ventilação

Janelas em oposição garantem a circulação de ar em um edifício. A instalação de janelas no topo de escadarias garante a formação de um túnel de vento.

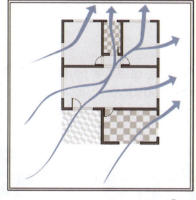
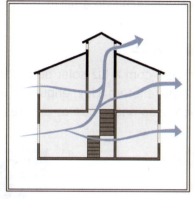

Vista vertical de uma casa que indica o fluxo de vento passando por portas e janelas (ventilação cruzada).

Vista frontal de uma casa que indica o fluxo de vento passando por portas e janelas (ventilação cruzada vertical).

Fonte: Instituto Brasileiro de Desenvolvimento da Arquitetura.
Disponível em: www.forumdaconstrucao.com.br/conteudo.php?a=4&Cod=2064. Acesso em: 8 maio 2019.

Materiais de construção

O telhado recebe a radiação solar e se aquece, irradiando calor para o restante da casa. O forro mantém uma camada de ar entre ele e o telhado, o que torna mais lento o aquecimento do edifício, já que o ar não é um bom condutor de calor. Além disso, os materiais utilizados na fabricação do forro também podem influenciar na temperatura do ambiente.

Alguns materiais se aquecem mais rapidamente por serem bons condutores de calor, como os metais. Por isso, telhas e paredes metálicas são impróprias ao conforto térmico e exigem o uso de ventiladores ou a instalação de ar-condicionado, o que gera um gasto maior com energia elétrica. As telhas de barro tradicionais proporcionam mais conforto, pois a cerâmica garante maior isolamento térmico.

Características das paredes

Para a construção das paredes, é importante considerar a espessura. Estruturas mais grossas levam mais tempo para aquecer e, assim, proporcionam menos troca de calor com o ambiente. Casas antigas, com paredes de 20 cm a 25 cm de espessura, produzidas de tijolo maciço de barro ou de **adobe**, são mais frescas no verão e mantêm por mais tempo o aquecimento em dias frios. Paredes mais grossas também oferecem maior isolamento acústico.

← O Solar da Marquesa, hoje Museu da Cidade de São Paulo, é um dos mais antigos exemplos de moradia da capital paulista feitos com a técnica de **pau a pique**, no século XVIII. Ao observar as laterais das portas e janelas, é possível perceber a grande espessura da parede. À direita, ao fundo, vê-se o detalhe da parede, demonstrando a utilização do pau a pique e de tijolos de barro.

GLOSSÁRIO

Adobe: técnica para fabricação de tijolos feitos de terra, água, palha, entre outras fibras naturais, prensadas em uma fôrma de madeira.

Pau a pique: técnica que mescla estrutura de tábuas de madeira preenchidas com barro.

Tetos e telhados

A distância entre o piso e o teto da casa é chamada de **pé direito**. Quando a moradia tem um pé direito de altura superior a 2,40 m, a circulação de ar é facilitada, reduzindo o calor.

A inclinação adequada de tetos ou telhados garante melhor escoamento de chuva ou neve, além de contribuir para a ventilação do edifício.

Emprego das cores

As cores interagem com a luz solar de modo diferente, que é a parte visível da radiação solar. Pigmentos mais claros refletem a luz, enquanto escuros a absorvem. Assim, paredes de cores claras evitam o aquecimento, ao passo que as escuras promovem o efeito contrário.

Áreas verdes no entorno

Áreas verdes contribuem para aumentar a umidade no entorno, o que refresca o ambiente. Oferecem também maior isolamento acústico e barreira de vento, o que é interessante para moradias localizadas em regiões onde as temperaturas ficam muito baixas no inverno.

Moradia com telhas de barro e repleta de vegetação em volta (BA).

VAMOS APROFUNDAR

1. Você conhece casas que proporcionam maior conforto térmico ou, ao contrário, que são desconfortáveis (muito quentes ou muito frias)? Quais dos fatores apresentados você consegue identificar nessas casas?

2. Em locais de clima quente, que estratégias sustentáveis e favoráveis ao conforto térmico podem ser aplicadas durante a construção ou reforma de uma moradia? Por que essas técnicas ajudam a economizar eletricidade?

3. Sua sala de aula costuma ser mais quente ou mais fria do que o ambiente externo? Essa temperatura permanece assim durante todo o ano ou apenas em um período? Você considera que o espaço da sala de aula proporciona conforto térmico?

   Para essa análise, é necessário observar:
   - a construção do prédio (espessura das paredes, materiais de que são feitos os telhados e as paredes, presença ou ausência de forro, as cores utilizadas na pintura das paredes);
   - a posição da sala em relação ao Sol;
   - as condições de ventilação, a posição das janelas e a altura (pé direito) da sala.

Geometria dos telhados

Na construção de telhados usam-se as **tesouras**, estruturas de madeira ou de metal que sustentam a cobertura das telhas.

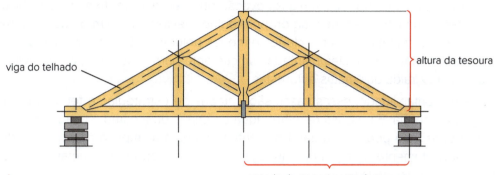

↑ Modelo de tesoura empregada na sustentação do telhado de uma moradia.

Observe que, na armação de uma tesoura, as vigas compõem triângulos. Essa forma é bastante adequada, uma vez que os triângulos proporcionam rigidez às estruturas.

Para a montagem de uma tesoura, é necessário calcular a inclinação do telhado. Essa inclinação é a razão entre a altura e a metade do comprimento da base da tesoura expressa em porcentagem.

A inclinação dos telhados depende, entre outros fatores, do tipo de telha utilizado. Para construções com telhas de barro comum, o valor médio de inclinação mais adotado é 30%.

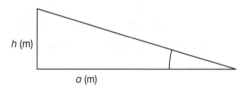

a = metade do comprimento da tesoura
h = altura da tesoura
Inclinação (%) = $h/a \times 100$

 **VAMOS APROFUNDAR**

1. Com base nas informações, calcule a inclinação de um telhado em que a tesoura mede 8 m de comprimento e sua altura é igual a 1,20 m.

2. **Cumeeira** é a designação para a parte mais alta de um telhado. Com isso em mente, imagine um telhado que tenha 25% de inclinação e uma largura igual a 6 metros. Mostre como encontrar a altura dessa cumeeira e o comprimento das vigas (x) onde serão colocadas as telhas.

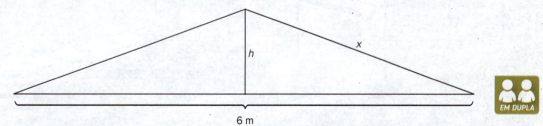

3. Façam um esboço de uma casa pequena que proporcione conforto térmico em um clima quente sem demandar o uso de ar-condicionado. Considerem todos os itens mencionados anteriormente: insolação, ventilação, áreas verdes, telhados, materiais e cores das paredes. Incluam uma legenda descritiva que indique as razões para tais escolhas.

Moradias sustentáveis

Uma tendência atual para a construção de moradias é a utilização de materiais, técnicas e processos sustentáveis, isto é, que possibilitam a renovação ou a reciclagem de materiais. Essas moradias podem ser feitas com matérias-primas da própria região – evitando assim o custo do transporte de lugares distantes – e com materiais reciclados e menos poluentes. É muito valorizado o uso de madeira de reflorestamento – espécies plantadas unicamente para esse fim –, o que evita a utilização de madeira nativa extraída das matas e florestas.

Visando à sustentabilidade, essas casas são dotadas de estratégias e tecnologias para a economia de água e energia. É possível recolher água da chuva ou mesmo a usada nos banhos ou no enxágue de roupas (que pode ser tratada ou reutilizada) para a limpeza do quintal e do carro, por exemplo. O aproveitamento de água da chuva já é regulamentado em algumas cidades brasileiras para novas construções coletivas.

A instalação de um aquecedor solar para a água do banho pode ser vantajosa, pois a radiação solar é uma fonte de energia sem custo. Outras soluções para a economia de energia também podem ser planejadas de forma a aproveitar o clima da região. Por exemplo, em região quente e úmida, uma casa construída sobre palafitas possibilita boa circulação de ar e ajuda a evitar a umidade das paredes. Em lugares muito quentes e secos, por sua vez, a instalação de uma fonte de água e de áreas verdes ao redor da casa diminui a necessidade do uso de ar-condicionado, umidificadores de ar ou ventiladores.

Observe a seguir um modelo que apresenta diversas soluções sustentáveis para uma casa construída em região de clima predominantemente quente.

1. Estrutura em eucalipto (madeira de reflorestamento).
2. Telhado de grama sobre teto impermeabilizado.
3. Escada feita com pneus preenchidos de terra.
4. Painel de parede produzido com garrafas PET para iluminar o interior.
5. Varal no ponto mais ensolarado e ventilado da casa.
6. Pomar para produção de alimentos.
7. Horta do tipo mandala.
8. Estufa para cultivar plantas.
9. Tanque feito de material reciclado para armazenamento de água de chuva.
10. Painéis solares para aquecimento de água e geração de energia elétrica.
11. Açude para coletar água de chuva.
12. Valas de infiltração para conduzir a água da chuva para o açude.
13. Água da chuva direcionada para irrigação dos arbustos.
14. Água da pia do banheiro de cima direcionada para o telhado de grama da varanda.

VAMOS APROFUNDAR

1. Quais características da casa sustentável ilustrada estão relacionadas ao conforto térmico?

2. Quais equipamentos contribuem para a diminuição do gasto com eletricidade?

3. Há soluções para diminuir o gasto com o serviço fornecido pela companhia de saneamento básico local? Se sim, quais?

4. De que maneira essa casa sustentável utiliza os recursos da própria área?

5. Quais das inovações observadas nesse esquema poderiam ser adotadas nas moradias que você conhece?

VAMOS AGIR

1. Como seria a reforma de um imóvel de modo a torná-lo mais eficiente em relação ao consumo de energia e água? Proponham a instalação de um equipamento ou reforma do imóvel visando a economia de água. O resultado da investigação pode ser organizado em um cartaz ou apresentado em um desenho acompanhado de um texto em que devem constar:
   - condição atual de uso de água e energia;
   - síntese da proposta;
   - explicação sobre a sustentabilidade do imóvel reformado.

APOIO

Casa ecológica interativa: www.compam.com.br/casaecologica.htm. *Site* de figura de casa ecológica interativa: quando o usuário clica sobre os espaços e equipamentos da casa, aparecem textos sobre sustentabilidade, ações e materiais favoráveis.

Casa sustentável ecológica: vantagens e projetos incríveis. *Doce obra – Casa e construção*. Artigo que descreve vários processos e projetos de casa sustentável no Brasil e no mundo. Disponível em: https://casaeconstrucao.org/projetos/casa-sustentavel-ecologica. Acesso em: 17 maio 2019.

Tecnologia e ecologia andam juntas na casa das "invencionices", de Edison Veiga. *O Estado de São Paulo*. Reportagem especial sobre uma casa ecológica com alta tecnologia em São Paulo. Na página, há também um vídeo e uma animação da casa, na qual é possível clicar e visualizar a descrição de todos os seus aparatos tecnológico-sustentáveis. Disponível em: http://infograficos.estadao.com.br/especiais/sp462/morar. Acesso em: 17 maio 2019.

Mutirão de construção de moradias

Como uma das soluções para o problema de falta de moradias em nosso país, é frequente o uso do sistema de mutirão, quando as casas são construídas pelos interessados e voluntários, em um esforço conjunto. Em alguns casos, os lotes podem ser doados pelo Poder Público; em outros, as próprias pessoas adquirem o terreno. Os mutirões, além de evitar os gastos com a mão de obra, promovem o envolvimento e o compromisso das famílias e incentivam as relações solidárias.

Após a escolha do local onde a casa será construída, o terreno é limpo e aplainado. De posse do projeto estrutural, marcam-se no terreno a localização da casa e onde serão feitas as fundações.

Planta baixa

As plantas baixas de moradias são desenhos em tamanhos reduzidos, porém proporcionais às medidas reais dos cômodos (comprimento e largura). No caso da planta de uma casa, as medidas em metro são apresentadas em centímetros. Assim, a planta tem uma redução do tamanho real de acordo com uma informação sobre proporcionalidade, que chamamos de **escala**.

A escala indica quantas vezes as medidas reais foram reduzidas para serem representadas na planta baixa. É uma relação de proporcionalidade entre as medidas do desenho e as medidas reais.

Como fazemos para representar uma porta em uma plana baixa?

1. Medimos a largura da porta (80 cm, por exemplo).
2. Estabelecemos uma escala para o desenho (por exemplo, a cada 10 cm da medida da porta consideramos 1 cm para a escala).
3. Desenhamos a largura da porta igual a 80 cm : 10 = 8 cm.

Na planta a seguir, a informação é dada pela escala de 1 : 100 ou $\frac{1}{100}$, o que significa que cada 1 cm de comprimento indicado na planta equivale a 100 cm (1 m) de comprimento da casa real.

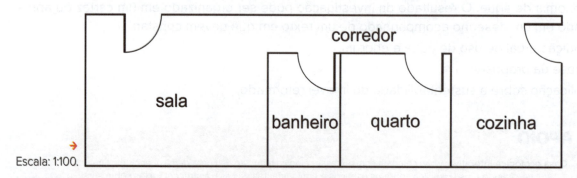

Escala: 1:100.

1. Como você explica a informação dada pela escala?

2. Descreva um procedimento para calcular as dimensões reais da sala representada nessa casa. Utilize uma régua para iniciar a solução do problema.

3. Pesquise um modo prático que os pedreiros utilizam para as paredes formarem ângulos retos, também conhecido como "ficar no esquadro". Transforme a pesquisa em um texto escrito, incluindo imagens como fotografias e/ou ilustrações.

Moradias tradicionais

Moradias tradicionais são modos de construção e de habitação registrados e preservados pelos costumes, práticas e saberes de diferentes grupos sociais ao longo da história. São desenvolvidas com base nas necessidades dos moradores e na disponibilidade de material encontrado nos locais em que vivem. Nessa medida, as moradias tradicionais podem ser consideradas sustentáveis.

Muitas vezes, aspectos compreendidos como "tradicionais" e "modernos" podem estar integrados em um processo cultural único. No caso das atuais moradias sustentáveis, elementos desenvolvidos por grupos tradicionais são muitas vezes incorporados aos projetos modernos, assumindo uma forma própria.

Casa do povo korowai na Guiné Ocidental

O povo korowai, que vive na ilha de Nova Guiné Ocidental (Indonésia), habituou-se a construir suas moradias no topo de árvores, desenvolvendo técnicas que permitem tal tipo de construção. A região tem clima quente e úmido, com florestas tropicais repletas de animais silvestres e de uma grande quantidade de insetos. Esse ambiente possibilita aos korowais a prática de suas principais atividades econômicas, relacionadas à caça e à coleta de alimentos.

1. De que maneira as características da moradia dos korowais se relacionam com a paisagem da região?
2. Observando as características da moradia, podemos afirmar que ela está adaptada ao clima da região? Expliquem.
3. Quais fatores poderiam ter motivado esse povo a construir suas moradias sobre árvores em alturas tão acima do solo?

↑ Homem do povo korowai sobe em casa na árvore a mais de 20 metros de altura, na aldeia Mologatun, Papua Ocidental, Indonésia.

↑ Integrantes do povo korowai constroem uma moradia seguindo modelo tradicional de construção. Papua Ocidental, Indonésia.

Casas tradicionais do sul do Japão

Embora seja um pequeno arquipélago, a diversidade climática do Japão é bastante grande. A região norte é mais fria e úmida, com média anual de 8 °C, enquanto a região sul, quente e úmida, alcança uma temperatura média anual de 22 °C. Em todo o país, as quatro estações são bem definidas, e as casas tradicionais japonesas são adaptadas a essas condições.

As casas tradicionais localizadas na região sul apresentam as características a seguir.

Material	Madeira e papel de arroz
Arquitetura	As casas são mais elevadas em relação ao terreno para que o ar circule ao redor e por baixo dela, mantendo-a fresca.
	Painéis no alto das paredes, divisórias e painéis deslizantes que funcionam como portas são feitos de papel, possibilitando a passagem de luz.
	Corredor externo (*engawa*) e jardim externo.
	Na entrada da casa, há um local (*genkan*) para deixar os sapatos e assim evitar levar para dentro da moradia a sujeira trazida da rua.

↑ Vista externa de casas tradicionais japonesas no sul do país. Veja como a construção está acima do solo e há corredor externo (*engawa*) com vegetação em volta.

↑ Vista interna de casas tradicionais japonesas. O *genkan* (esq.) é local para deixar o calçado usado na rua e colocar um sapato que é utilizado apenas no interior da casa. O *shōji* (dir.) é um painel deslizante translúcido com função de porta, que permite a entrada de luz para o ambiente interno.

Casas tradicionais no estilo *gassho-zukuri*

Na região central do Japão, sobretudo na província de Gifu, algumas aldeias também mantêm o estilo tradicional de suas moradias, mas, nesse caso, adaptadas a um clima mais frio. *Gassho-zukuri* significa "mãos juntas em oração", em referência ao formato do telhado.

Material	Telhados de palha e paredes de madeira
Arquitetura	Telhado bastante inclinado para que a neve escorra e não se acumule sobre a estrutura.
	Três ou até quatro andares (maiores do que a casa japonesa convencional).

Na aldeia Ogimachi há 59 casas no estilo *gassho-zukuri* bem conservadas, embora tenham sido originalmente construídas entre 200 e 300 anos atrás.

Nesse tipo de moradia, é necessário trocar a palha do telhado a cada 30 ou 40 anos. Esse trabalho pode levar aproximadamente dois dias e é feito de forma coletiva por cerca de 200 a 300 pessoas.

↑ Casas no estilo *gassho-zukuri* durante o verão (esq.) e no inverno (dir.).

1. Quais são as estratégias para garantir o conforto térmico nas casas tradicionais do Japão em áreas de clima quente? E nas regiões de clima mais frio, em que a neve é mais comum?

2. Nas moradias construídas em lugares quentes, que estratégia é usada para economizar energia elétrica?

3. A higiene é um elemento muito importante na cultura japonesa. Qual costume favorece a higiene nas moradias do Japão?

4. Quais desvantagens podem trazer as divisórias internas de papel?

5. Observando as características dos telhados das casas no estilo *gassho-zukuri*, explique por que as tesouras nelas utilizadas são adequadas à região.

Moradia de povos nômades da Mongólia

A Mongólia, país localizado no interior do continente asiático e ao norte da Cordilheira do Himalaia, está posicionada em latitudes nas quais predominam climas frios. O clima é afetado pelas cadeias de montanhas, que funcionam como uma barreira que impedem as massas úmidas e quentes do trópico adentrarem as regiões mais centrais do continente. Assim, o clima da Mongólia é seco e favorece a formação de regiões áridas e frias, como o Deserto de Gobi: as temperaturas são baixas no inverno, com média anual de 2 °C.

Os buriates, os mongóis e os cazaques são algumas das etnias que habitam o território da Mongólia. São grupos nômades que se deslocam de acordo com as estações do ano, buscando condições favoráveis ao pastoreio. Suas moradias (chamadas *ger*) são adaptadas a esse modo de vida.

Material	Madeira, feltro de lã e pele de animais
Arquitetura	Tenda cilíndrica, de 4,5 m a 8 m de diâmetro, com paredes de treliça dobrável e presa por tiras de couro.
	Paredes e cobertura forradas com feltro de lã de ovelha, que garantem conforto térmico em qualquer época do ano.
	Uma coluna central (de até 5 m de altura) auxilia na circulação de ar e apoia um anel superior que serve como chaminé.
	A direção em que a porta é colocada varia conforme a estação do ano, para aproveitar ao máximo a luz do Sol no período quente e proteger contra a neve no inverno.
	A direção em que a porta é colocada varia conforme a estação do ano, para aproveitar ao máximo a luz do Sol no período quente e proteger contra a neve no inverno.

↑ Moradias *ger* no verão (esq.) e no inverno (dir.), Mongólia.

↑ À esquerda, vista do interior de moradia nômade e, à direita, momento em que ela é desmontada, Mongólia.

VAMOS APROFUNDAR

Uma moradia *ger* se caracteriza pela junção de um sólido de forma cilíndrica com outro em forma de um tronco de cone.

Vamos representar seu piso por um círculo, cujo diâmetro pode variar de **4,5** a **8,0 metros**.

Nas atividades a seguir, retome as fórmulas utilizadas para calcular o comprimento de uma circunferência e a área de círculo. Considere π = 3,14.

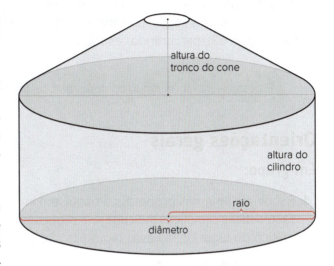

1. Observando as fotografias de uma moradia *ger* na página anterior, pode-se perceber que sua parede é fortalecida por tiras de couros cujo comprimento é igual ao da circunferência de seu piso.

   a) Qual é o comprimento das tiras de couro considerando que o diâmetro é igual a **8 metros** e desconsiderando o espaço ocupado pela porta da moradia?

   b) O comprimento de uma circunferência depende de seu diâmetro. Essa afirmação está correta ou incorreta? Explique.

2. Considere o piso de uma moradia *ger* com raio igual a **4 metros** e faça o que se pede a seguir.

   a) Qual é a área do piso?

   b) Analise e comente a seguinte afirmação: a área do piso é **proporcional** a seu raio.

   c) É possível afirmar que a área do piso é **proporcional** ao quadrado de seu raio? Por quê?

3. Leve em conta a fórmula abaixo:

   > Volume de um cilindro = área da base × altura = π × r^2 × a, em que *r* é a medida do raio da base e *a* é a medida da altura.

   • Considere que a altura do cilindro de uma moradia *ger* é igual a **3 metros**. Com base na fórmula indicada, responda:

   a) Qual é o volume de ar ocupado no cilindro da moradia com raio do piso igual a **4 metros**?

   b) Qual é o aumento no volume do cilindro se seu raio aumenta de **3 metros** para **4 metros**?

4. Mantida a altura do cilindro de uma moradia *ger*, justifique se é possível afirmar que o volume do cilindro é **proporcional**:

   a) à medida de seu raio;

   b) ao quadrado de seu raio;

   c) ao cubo de seu raio.

45

ETAPA 2 — FAZENDO ACONTECER

Neste momento, você e os colegas devem se organizar em grupos. Cada grupo escolherá uma das três propostas a seguir, mas todos voltarão à questão norteadora do projeto da seção **Direto ao ponto** (página 33), procurando respondê-la:

> É possível morar de modo confortável e sustentável em lugares com diferentes climas? Como?

Orientações gerais

Em grupo

1. Escolham uma das propostas. Pesquisem imagens de moradias tradicionais relacionadas às características climáticas indicadas na proposta selecionada. Busquem informações sobre o tipo climático do lugar onde essas moradias são encontradas.

2. A casa deverá ser pensada para uma família de quatro pessoas. Vocês podem definir quem serão os moradores das casas, seus nomes, idades e quais serão suas atividades diárias.

3. Reflitam sobre as necessidades de conforto térmico e de economia de água e de energia para a moradia.

4. Considerem a possibilidade de usar, no projeto, exemplos vistos nas moradias tradicionais apresentadas anteriormente.

5. Idealizem a casa e elaborem uma planta baixa ou **croqui** (esboço) dela, atentando para a proporção entre as dependências.

6. Elaborem uma maquete da moradia e de seu entorno considerando as propostas estudadas.

7. Mantenham uma pasta com o material produzido ao longo da investigação, que será o **portfólio** do projeto.

> **GLOSSÁRIO**
>
> **Croqui:** esboço de planta, projeto arquitetônico ou desenho feito à mão, sem exigir grande precisão ou rigor técnico.
>
> **Portfólio:** conjunto de trabalhos comumente organizados em uma pasta, física ou digital, a fim de facilitar sua visualização, conservação e consulta posterior.

Dicas para elaborar a maquete

Elaboração da planta baixa

1. Façam desenhos de vários pontos de vista da casa – vista frontal, lateral, dos fundos e vista vertical (planta baixa). Insiram as dimensões reais de cada cômodo.

2. Desenhem esboços do entorno da casa.

3. Elaborem uma planta baixa da casa em maquete.

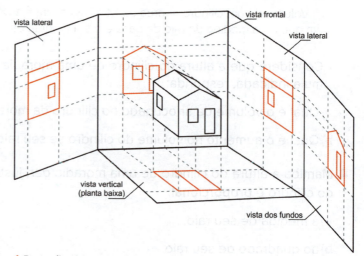

↑ Projeção dos tipos de vista para o projeto de uma moradia.

Uma planta baixa simples apresenta os cômodos, as portas e as janelas, com o nome de cada ambiente identificado. Podem ser representados também objetos e elementos encontrados dentro da construção, como pia, móveis, entre outros. Podem ser feitos croquis, mas é importante que a planta baixa seja finalizada seguindo uma escala e observando a proporção.

← É interessante que a casa representada na maquete tenha pelo menos 20 cm de comprimento. O exemplo sugere uma ideia, que pode ser adaptada de acordo com o projeto do grupo.

Material

O papelão é um material de fácil manuseio que pode ser usado na elaboração da maquete da casa. Ele pode ser pintado ou pode servir como base para aplicação de diferentes materiais que representarão, por exemplo, paredes de madeira, tijolos, pedras, telhado verde etc. Pode-se também usar outros materiais de acordo com a preferência do grupo, como barro ou argila. Além do papelão, outras possibilidades para a base da maquete são isopor e madeira.

Para representar os equipamentos da casa e da área do entorno, podem ser usados diversos materiais, como areia, terra, pequenas pedras, plantas artificiais ou naturais (a bucha vegetal, usado para banho, produz um bom efeito), gravetos, palha, palitos (de churrasco, de sorvete ou de dente), algodão (para representar neve), papéis coloridos, papel-alumínio, caixas de tamanhos variados etc.

Construção da maquete

Os desenhos feitos para representar as laterais da casa podem ser usados como referência para a elaboração da maquete, conforme apresentado a seguir.

ATENÇÃO!
Faça esta atividade sob a supervisão de um adulto.

PROPOSTA INVESTIGATIVA 1

MORADIA SUSTENTÁVEL EM LUGAR QUENTE E ÚMIDO

Metas
- Planejar e executar uma maquete para uma moradia sustentável em área quente e úmida.
- Incluir tecnologias e estratégias de arquitetura sustentável na moradia.
- Usar ao menos uma característica de casa tradicional estudada na **Etapa 1**.

Primeira fase

Em grupo

1. Conversem a respeito de lugares cujas características climáticas sejam médias altas de temperatura e umidade.
   - Quais paisagens são predominantes?
   - Que recursos podem ser pensados para criar uma casa sustentável e confortável nesse tipo de ambiente?
   - Uma habitação nesses lugares enfrenta quais rigores climáticos?
   - Quais elementos de sustentabilidade podem ser incluídos nessa casa?

Individualmente

2. Busque em livros, revistas e na internet exemplos de moradias em ambiente quente e úmido e propostas de sustentabilidade para essas casas. Nesse projeto, podem ser utilizados materiais locais e industrializados que possibilitam o uso sustentável de energia e de água desde sua construção.

Segunda fase

Em grupo

1. Façam o planejamento da maquete de acordo com as orientações gerais.
2. Elaborem um portfólio da produção da maquete reunindo croquis, plantas e materiais de pesquisa.
3. Construam a maquete de uma moradia em clima quente e úmido.

Moradias tradicionais de Vanuatu

Vanuatu é um país formado por pequenas ilhas na Melanésia, região da Oceania. O clima é tropical úmido, caracterizado por elevadas temperaturas e alta pluviosidade, superior a 2 000 mm de precipitação total anual. Na região há ocorrência de furacões, ciclones e atividade vulcânica.

As moradias tradicionais têm chão de terra, paredes e telhados feitos com folhas de palmeiras, bambu e outras fibras vegetais obtidas nas florestas tropicais da região. A maioria das casas é construída no nível do solo, mas algumas são levemente elevadas. Sua arquitetura apresenta:
- teto baixo com abas inclinadas;
- forma retangular – comprimento pelo menos duas vezes maior que a largura;
- divisórias de madeira no interior;
- jardim externo;
- paredes produzidas de forma artesanal com fibras finamente trançadas.

Casa tradicional com jardim. Ilha Malekula, Vanuatu.

PROPOSTA INVESTIGATIVA 2

MORADIA SUSTENTÁVEL EM LUGAR QUENTE E SECO

> **Metas**
> - Planejar e executar uma maquete para uma moradia sustentável em área quente e seca.
> - Incluir tecnologias e estratégias de arquitetura sustentável nessa moradia.
> - Usar ao menos uma característica de casa tradicional estudada na **Etapa 1**.

Primeira fase

Em grupo

1. Conversem a respeito de lugares cujas características climáticas sejam médias altas de temperatura e umidade.
    - Quais paisagens são predominantes?
    - Uma casa construída em uma região quente e seca pode utilizar quais recursos naturais?
    - Uma habitação nesses lugares enfrenta quais rigores climáticos?
    - Quais elementos de sustentabilidade podem ser pensados para essa casa?

Individualmente

2. Busque em livros, revistas e na internet exemplos de moradias em ambiente quente e seco e propostas de sustentabilidade para essas casas. Nesse projeto, podem ser utilizados materiais locais e industrializados que possibilitam o uso sustentável de energia e de água desde sua construção.

Segunda fase

Em grupo

1. Façam o planejamento da maquete de acordo com as orientações gerais.
2. Elaborem um portfólio da produção da maquete reunindo croquis, plantas e materiais de pesquisa.
3. Construam a maquete de uma moradia em clima quente e seco.

Moradias do semiárido brasileiro

A região de semiárido brasileiro abrange áreas dos estados do Maranhão, Piauí, Ceará, Rio Grande do Norte, Paraíba, Pernambuco, Alagoas, Sergipe, Bahia e Minas Gerais.

Sua precipitação pluviométrica é baixa, sendo a média anual igual ou inferior a 800 mm. O tempo de estiagem pode variar de 6 a 11 meses dependendo da localização, e as temperaturas médias anuais variam de 23 a 27 °C. No entanto, a região apresenta um dos mais altos índices de densidade demográfica do mundo para esse tipo de área climática, abrigando mais de 22 milhões de pessoas.

As características das moradias podem variar entre chão de terra ou com algum tipo de revestimento; paredes de pau a pique ou de tijolos de barro, com ou sem recobrimento com reboco; e telhado com telhas de barro ou de palha e sapé. Algumas casas possuem cisternas para armazenar água de chuva.

Sua arquitetura apresenta teto baixo com abas inclinadas, muitas vezes com varanda e sem forro; forma retangular; divisórias internas de madeira que não chegam até o teto, proporcionando maior ventilação; e jardim externo ou quintais arborizados.

Casa de adobe com cisterna (à dir.). Salgueiro (PE).

PROPOSTA INVESTIGATIVA 3
MORADIA SUSTENTÁVEL EM LUGAR TEMPERADO OU FRIO

Metas
- Planejar e executar uma maquete para uma moradia sustentável em área de clima frio.
- Incluir tecnologias e estratégias de arquitetura sustentável nessa moradia.
- Usar ao menos uma característica de casa tradicional estudada na **Etapa 1**.

Primeira fase
Em grupo

1. Conversem a respeito de lugares situados em região onde há invernos com temperaturas baixas.
   - Quais paisagens são predominantes?
   - Uma habitação nesses lugares enfrenta quais rigores climáticos?
   - Quais elementos de sustentabilidade podem ser considerados para essa casa?

Individualmente

2. Busque em livros, revistas e na internet exemplos de moradias em ambiente frio e propostas de sustentabilidade para essas casas. Nesse projeto, podem ser utilizados materiais locais e industrializados que possibilitam o uso sustentável de energia e de água desde sua construção.

Segunda fase
Em grupo

1. Façam o planejamento da maquete de acordo com as orientações gerais.
2. Elaborem o portfólio da produção da maquete reunindo croquis, plantas e materiais de pesquisa.
3. Construam a maquete de uma moradia sustentável adequada para climas mais frios.

Moradias de turfa na Islândia

A Islândia é um país insular europeu situado no Atlântico Norte que apresenta clima subártico (ou subpolar). A temperatura média anual é 11,2 °C, e o índice de pluviosidade (chuvas) é alto, com média anual de 1152 mm.

As casas de turfa têm um formato alongado, feitas com estrutura de madeira e cobertas com o material vegetal. Os tetos são adubados e podados anualmente, podendo durar de 20 a 30 anos. O plantio da turfa é feito em camadas, de modo que as plantas crescem para dentro uma da outra, criando assim uma camada impermeável. Além de uma alternativa à falta de madeira na região, esse tipo de vegetação ajuda no conforto térmico da moradia.

Entre os telhados de duas casas é criada uma camada que possibilita a drenagem da água. Essa camada é feita de gravetos de madeira, lajotas de pedra, esterco e musgo secos. Como essa camada se encontra quase sempre úmida, as paredes de madeira recebem algum tipo de impermeabilização (antigamente se usava couro de gado; hoje se utiliza piche).

Janelas se destacam na fachada de uma moradia tradicional islandesa coberta de turfa.

ETAPA 3 — RESPEITÁVEL PÚBLICO

É chegada a hora de finalizar as propostas investigativas feitas pelos grupos e comunicá-las a um público mais amplo. Todas elas se relacionam ao tema geral do projeto e à questão do quadro **Direto ao ponto** (página 33).

Os produtos finais são momentos de troca e de compartilhamento do que foi aprendido durante o processo. É justamente a participação de cada aluno nas apresentações de todos os grupos que possibilita compreender o tema do projeto de forma mais ampla.

> **Produto final**
> Exposição das maquetes e dos portfólios.

Com o apoio dos professores e coordenadores, marquem uma data no calendário escolar para inaugurar a exposição.

Convidem a comunidade escolar para a exposição das maquetes, que devem ser acompanhadas por seus respectivos portfólios, registrando o percurso investigativo.

BALANÇO FINAL

Avaliação coletiva

Converse com os colegas de turma, na presença dos professores de Ciências, Geografia e Matemática, sobre o percurso realizado no projeto escolhido. Inicialmente, recordem o que pensavam sobre a questão norteadora no início do projeto. Depois, respondam:

- Tendo em vista o que se propôs investigar, o que foi aprendido com esse projeto?
- Os produtos finais conduziram à resposta da questão norteadora? São possíveis outras respostas?
- Que outras investigações poderiam ser feitas? Em que momento?
- A primeira resposta que vocês deram para a questão norteadora se modificou ou foi ampliada? Se sim, em que aspectos?

Avaliação individual

Conclua a avaliação feita ao longo do projeto. É o momento de verificar seu desempenho na execução dele em conjunto com a avaliação dos docentes e a autoavaliação.

→ Projetos de moradias sustentáveis inspiram a criação de outros projetos, como esse conjunto residencial ecológico em Milão, Itália.

PROJETO 3
Evolução dos seres vivos

No século XX, a ciência demonstrou que certas substâncias, como o DNA, armazenam a herança biológica nas células dos seres vivos. Essa propriedade da química da vida é aplicada atualmente, por exemplo, na tecnologia dos medicamentos biológicos. O DNA indica a existência de uma unidade da vida e é uma das evidências da evolução biológica.

Mesmo sem conhecer a química da vida, há 200 anos alguns cientistas compreenderam que a vida na Terra teve uma origem comum. Entre eles, destaca-se o britânico Charles Darwin (1809-1882), que, com base em suas pesquisas e em estudos de outros cientistas, desenvolveu a teoria da evolução. Essa teoria foi fundamental para explicar a diversidade dos seres vivos e sua história evolutiva.

Atualmente, o conhecimento a respeito do passado de nosso planeta avançou de modo significativo. Por meio de diversos estudos científicos, já podemos afirmar, por exemplo, que a vida na Terra tem mais de 3,5 bilhões de anos.

DE OLHO NO TEMA

Cena do filme *O mundo perdido: Jurassic Park* que mostra a representação de estegossauros.

- Você conhece a série de filmes *Jurassic Park* ou já ouviu falar dela? Em sua opinião, por que os dinossauros são populares?
- Existiram dinossauros no Brasil?
- As imagens de seres vivos extintos utilizadas no cinema e em outras mídias são criadas por artistas. Você saberia dizer como eles trabalham?
- Você sabe quais foram as evidências usadas por Darwin e seus contemporâneos para falar em evolução das espécies?

DIRETO AO PONTO

Como se estabeleceu a diversidade da vida ao longo da história do planeta?

JUSTIFICATIVAS

- Conhecer o passado do planeta Terra é fruto de persistente investigação dos vestígios deixados pelos seres vivos. Esses vestígios fornecem evidências de que as espécies tiveram origens em comum e evoluíram ao longo de mais de 4,5 bilhões de anos. Nesse longo período, novas espécies surgiram e muitas foram extintas. A arte possibilita visualizar essas paisagens e animais que conhecemos apenas por meio de fósseis.

OBJETIVOS

- Descrever as transformações da vida ao longo do tempo.
- Representar, por meio de recursos artísticos, cenários do passado da vida na Terra referentes a intervalos de tempo geológicos.
- Comparar teorias explicativas da evolução das espécies.

QUAL É O PLANO?

↓ Os seres vivos que existiram em um passado muito distante despertam nossa curiosidade e interesse desde que éramos crianças.

Etapa 1 – Explorando o assunto

- Compreendendo os fósseis
- Conhecendo a evolução
- Paleoarte
- História geológica da vida

Etapa 2 – Fazendo acontecer

- **Proposta investigativa 1** – Os fósseis mais antigos
- **Proposta investigativa 2** – Do mar à terra firme
- **Proposta investigativa 3** – Era Mesozoica: a estupenda vida terrestre
- **Proposta investigativa 4** – Era Cenozoica: ao final, surge a espécie humana

Etapa 3 – Respeitável público

- Apresentação da exposição.

Balanço final

- Avaliação coletiva e individual.

Avaliação continuada: Vamos conversar sobre isso?

53

ETAPA 1 — EXPLORANDO O ASSUNTO

Compreendendo os fósseis

Dentes, ossos e pedaços de madeira petrificados; pegadas de animais, impressões deixadas por escamas de peixes ou vestígios vegetais sobre rochas – esses e outros materiais, às vezes confundidos com rochas, são conhecidos há muito tempo e recebem o nome de **fósseis**. Mas o que são fósseis? Que ligação há entre seus diferentes tipos? Há quanto tempo eles se formaram?

Perguntas como essas ganharam destaque maior no século XVIII. Nesse período, na Europa, pesquisadores já sabiam que a fauna, a flora e os fósseis da América eram bem diferentes daquilo que se conhecia em seu próprio continente. Essa diversidade passou, então, a ser estudada com mais intensidade.

Ossadas de mamutes foram encontradas na Europa, na Ásia e na América.

Esqueleto de mamute em exibição no Museu Americano de História Natural, em Nova York (EUA).

O francês Georges Cuvier (1769-1832) foi um dos pesquisadores que enfrentaram o desafio de estudar ossos grandes e petrificados escavados na Ásia e na América do Norte. Pacientemente, Cuvier reuniu e comparou os fósseis com as estruturas de animais contemporâneos. Desse modo, ele apresentou ao mundo os mamutes, animais extintos, similares aos elefantes, mas de maior porte.

Cuvier teorizou que a extinção das espécies se dava por meio de catástrofes, como incêndios, inundações e terremotos. Para ele, o dilúvio descrito na Bíblia teria sido uma dessas calamidades.

Paleontologia hoje

O trabalho de Cuvier foi fundamental para o desenvolvimento da **Paleontologia**, ciência que estuda os seres vivos e ecossistemas do passado por meio dos fósseis.

Um paleontólogo, amador ou profissional, busca fósseis em depósitos de **rochas sedimentares**. Ele pode atuar em diversas situações, por exemplo, quando se inicia uma obra para a abertura de novas estradas e se escavam túneis ou morros. Dependendo da origem geológica do local em que são feitas, as obras de infraestrutura podem expor camadas de rochas sedimentares. Nesse local, o paleontólogo procurará por fósseis.

Para definir a idade dos fósseis, consideram-se a profundidade da rocha (geralmente, quanto mais profunda, mais antiga) e a avaliação físico-química do material fóssil.

> **GLOSSÁRIO**
>
> **Rocha sedimentar:** rocha formada por sedimentos (fragmentos de rochas) acumulados ao longo do tempo nas áreas mais baixas dos relevos, como o fundo de rios, lagos ou mares, onde se compactaram. Os fragmentos vêm de rochas ígneas ou vulcânicas, rochas sedimentares mais antigas ou outras que se desgastam devido à ação constante da água, dos ventos e de outros fatores.

Paleontólogo analisa fóssil em sítio paleontológico na Baía de São Marcos (MA).

VAMOS APROFUNDAR

1. Leia a história em quadrinhos a seguir.

O PAI DA PALEONTOLOGIA, GEORGES CUVIER, RECEBE A VISITA DE UMA SENHORA...

É INCRÍVEL ESSE ENORME ANIMAL, O MAMUTE!

ESSES ENORMES ANIMAIS SE PARECEM COM OS ELEFANTES, MAS NÃO EXISTEM MAIS! FORAM EXTINTOS.

COMO ISSO É POSSÍVEL? NÃO ESTARIAM ESCONDIDOS, VIVENDO EM UM LUGAR DISTANTE E DESCONHECIDO? OS SERES VIVOS NÃO FORAM CRIADOS AO MESMO TEMPO, HÁ 4 MIL ANOS? POR QUE DESAPARECERIAM?

- Que resposta você imagina que Cuvier daria à visitante do museu?

2. O Pão de Açúcar e o Corcovado, na cidade do Rio de Janeiro, são formações rochosas metamórficas, geradas por grande aquecimento e pressão de qualquer tipo de sedimentos na proximidade do magma terrestre. Em sua opinião, é possível encontrar fósseis nesse tipo de formação?

↑ Fóssil de peixe *Vinctifer* sp., com sedimentos compactados ao redor, em formato de pedra rolada chamada ictiólito, muito comum na região do Cariri.

3. No sertão do Cariri (CE), foram encontrados diversos fósseis em escavações de rochas calcárias. Observe ao lado as imagens de um fóssil de peixe e a reconstituição de um pterossauro.

- Na região em que hoje se encontra o sertão do Cariri, que tipo de ambiente teria existido há 110 milhões de anos, quando o peixe e o pterossauro viveram?

4. Os fósseis do peixe *Vinctifer* sp. são encontrados no Cariri e também no continente africano. O que isso pode significar?

↑ O pterossauro *Tapejara imperator* viveu há cerca de 108 milhões de anos. Ele tinha aproximadamente 8 metros de envergadura (extensão entre asas) e alimentava-se de peixes.

APOIO

Fósseis no Brasil, de Renata Costa. *Universia Brasil*, 20 ago. 2004. Reportagem que traça um panorama da história dos descobrimentos de fósseis no Brasil. Disponível em: http://noticias.universia.com.br/ciencia-tecnologia/noticia/2004/08/20/499947/fosseis-no-brasil.html. Acesso em: 30 abr. 2019.

Região do Cariri, no Ceará, guarda fósseis raros e preservados. *G1*, 15 nov. 2013. O texto, acompanhado de vídeo, aborda a importância das pesquisas paleontológicas na região para compreendermos a fauna e a flora brasileira de milhões de anos atrás. Disponível em: http://g1.globo.com/pernambuco/vestibular-e-educacao/noticia/2013/11/regiao-do-cariri-no-ceara-guarda-fosseis-raros-e-preservados.html. Acesso em: 30 abr. 2019.

Conhecendo a evolução

No final do século XVIII e início do XIX, o continente europeu passou por um processo de rápidas transformações políticas e econômicas. A sensação de muitos cientistas europeus era que tudo estava em constante progresso, em evolução. Foi nesse contexto que nessa comunidade se iniciou o debate sobre a evolução dos seres vivos. Alguns cientistas passaram a acreditar que as espécies teriam derivado umas das outras, contrariando o pensamento consolidado da época, que defendia que as diferentes espécies teriam sido criadas simultaneamente.

Foram defensores da chamada **teoria da evolução** nomes como o francês Jean-Baptiste Lamarck (1744-1829) e o britânico Charles Darwin.

Lamarck produziu uma longa obra, repleta de exemplos para defender sua hipótese: de que os hábitos e os usos modelam partes do corpo dos seres vivos, e essas mudanças são transmitidas a seus descendentes; o acúmulo de transformações resulta em novas espécies.

Darwin, por sua vez, acreditava que indivíduos nasciam com novas características por acaso e que todos lutavam pela vida no respectivo ambiente, nas disputas diárias por alimento, espaço, luz, água, parceiros de reprodução etc. Surgidas ao acaso, as novas características que trouxessem vantagens para a sobrevivência passariam, então, para a próxima geração. Na percepção de Darwin, ao longo de várias gerações essas características vantajosas predominariam na população e assim surgiria uma espécie diferente daquela da qual se originara. De acordo com essa teoria, novas variedades de seres vivos surgem enquanto outras são extintas por efeito da seleção natural, resultante da luta pela vida em cada ambiente.

Na América do Sul havia algumas espécies de gliptodontes. Eles mediam, em média, 3 metros de comprimento e pesavam cerca de 1 tonelada. Os tatus são seus parentes contemporâneos. O tatu-canastra (*Priodonte maximus*), uma das maiores espécies que vivem no Brasil, pode chegar a 1,5 metro e pesar até 60 quilos.

Durante sua viagem pela América do Sul, Darwin conheceu a fauna local e fósseis da fauna extinta. Em seus estudos, ele considerou que o gliptodonte e os tatus têm ancestrais comuns, pois apresentam muitas semelhanças.

↑ Reconstituição de como teria sido um gliptodonte, de aproximadamente 3 metros de comprimento e 1 tonelada (peso semelhante ao de um carro popular).

↑ Tatu-canastra (*Priodonte maximus*) em ambiente natural. Ameaçado de extinção, esse animal habita regiões de Cerrado e tem hábitos noturnos.

Lamarck foi principalmente um teórico. Em seu gabinete, ele analisava as notícias relacionadas à Biologia que chegavam do mundo todo. Já Darwin, em sua juventude, viajou pelo mundo. Em uma expedição científica para mapear a costa da América do Sul, que durou cinco anos e passou também por outras regiões do planeta, Darwin pôde observar diferentes espécies de animais e plantas, além de exemplares de fósseis. Seus livros apresentam uma quantidade enorme de exemplos e análises.

> As ideias desenvolvidas por Darwin no século XIX são relevantes até hoje. Suas teorias foram aperfeiçoadas e são constantemente aplicadas com êxito na explicação de diferentes fenômenos da vida na Terra.

 **VAMOS APROFUNDAR**

1. O trecho a seguir faz parte de um dos livros escritos por Jean-Baptiste Lamarck. Leia-o e selecione as frases ou palavras-chave que destacam a explicação do papel do hábito na formação do corpo de um animal.

Pode haver exemplo mais impressionante do que o oferecido pelo canguru? Este animal, que carrega seus filhotes na bolsa que tem sob o abdômen, tem o hábito de ficar em pé, colocado apenas em suas patas traseiras e na cauda, e se mover apenas com a ajuda de uma série de saltos, nos quais ele retém sua atitude ereta para não atrapalhar seus pequeninos. [...]
   1) suas patas dianteiras, das quais ele faz muito pouco uso, e nas quais ele confia apenas no momento em que deixa sua postura ereta, nunca se desenvolveram em proporção à das outras partes, e permaneceram descarnadas; muito pequenas e quase sem força;
   2) as patas traseiras, quase continuamente em ação, quer para apoiar todo o corpo, quer para executar os saltos, têm, pelo contrário, obtido um desenvolvimento considerável, e tornaram-se muito grandes e muito fortes;
   3) finalmente, a cauda, que vemos aqui fortemente usada em apoio ao animal, e a execução de seus principais movimentos, adquiriu em sua base uma espessura e força extremamente marcantes.

Jean-Baptiste Lamarck. *Philosophie zoologique*. p. 258-259 (tradução livre). Disponível em: http://l.academicdirect.org/Horticulture/GAs/Refs/Lamarck_1809.pdf. Acesso em: 2 maio 2019.

2. Charles Darwin intitulou sua teoria de "descendência com modificações". Por que esse título é adequado às explicações darwinistas?

3. Na América do Sul, na região dos Andes, Darwin conheceu as preguiças e o megatério, fóssil de uma preguiça-gigante. Como Darwin explicou o parentesco desses animais?

↑ Canguru adulto e seu filhote.

APOIO

A viagem de Darwin: http://ead.hemocentro.fmrp.usp.br/joomla/index.php/programa/adote-um-cientista/170-a-viagem-de-darwin. *Site* que traz informações sobre a viagem de Darwin à América e as pesquisas que ele realizou.

Dois pais de uma teoria, de Catarina Chagas. *Ciência Hoje das Crianças*, 18 mar. 2013. Essa matéria apresenta a teoria da evolução e explica a seleção natural do ponto de vista de Darwin e do naturalista inglês Alfred Wallace (1823-1913), cujas ideias foram fundamentadas nas observações que fizeram. Disponível em: http://chc.org.br/dois-pais-de-uma-teoria. Acesso em: 3 jun. 2019.

VAMOS AGIR

No jogo a seguir, que envolverá toda a turma, vamos simular uma situação de luta pela vida para entender melhor como funciona a ideia da seleção natural.

Jogo da sobrevivência

Cenário do jogo

Imagine que uma floresta é habitada por borboletas de cores claras e escuras e por vários tipos de pássaros, que se alimentam dessas borboletas. Com a ocorrência de incêndios, clareiras se abriram na floresta e, com o passar do tempo, esses espaços foram tomados por uma vegetação mais rasteira. Depois, mais tempo se passou e outras queimadas aconteceram, levando a região original a ficar totalmente ocupada por vegetação de campo.

Material:

- 3 folhas de papel de presente estampado, de cor escura (preferencialmente verde);
- 3 folhas com o mesmo padrão de estampa, mas de cor mais clara (preferencialmente marrom);
- 3 folhas de cartolina;
- régua;
- caneta;
- cola.

Procedimento

1. Utilize uma folha de papel de presente inteira, com estampa de cor escura, para representar a floresta original. Cole-a em uma cartolina e desenhe quadradinhos em toda a folha, como no modelo a seguir.

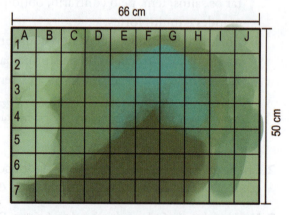

Tabuleiro **Floresta**.

2. Em outra folha de papel de presente com estampa de cor escura, aplique recortes irregulares do papel de presente com a estampa mais clara para representar a floresta que está sendo transformada parcialmente em campo. Cole-a em uma cartolina e faça os quadradinhos como no modelo a seguir.

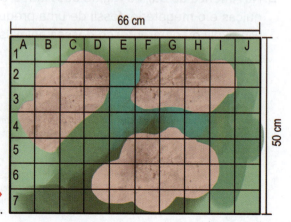

Tabuleiro **Floresta com áreas de campo**.

3. Utilize a folha de papel de presente com estampa de cor mais clara para representar a floresta que foi transformada em campo. Cole-a em cartolina e trace os quadradinhos.

4. Quando os três tabuleiros quadriculados ficarem prontos, cada coluna deve ser marcada com uma letra e cada linha, com um número, conforme os modelos anteriores.

5. As folhas de papel restantes, claras e escuras, devem ser recortadas para representar 30 borboletas claras e 30 borboletas escuras. Cada borboleta deve ter o tamanho máximo de um quadradinho do tabuleiro, onde será colada.

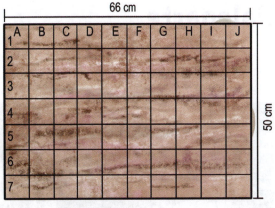

↑ Tabuleiro **Campo**.

Como jogar

1. Antes da aula, alguns alunos colarão as borboletas, ao acaso, nos três tabuleiros. Em cada um serão coladas dez borboletas claras e dez escuras.

2. Na frente da sala serão afixados, um de cada vez, em três momentos sucessivos, os tabuleiros **Floresta**, **Floresta com áreas de campo** e **Campo**, com as borboletas já coladas.

3. Antes de começar a jogar, levantem hipóteses para descobrir qual dos dois tipos de borboleta será mais caçado em cada ambiente (tabuleiro).

4. Dividam a sala em dois grandes grupos.

 **ATENÇÃO!**

Os alunos que participaram da colagem das borboletas não podem ser "aves".

5. De uma distância em que seja possível ler as letras e os números dos tabuleiros, mas não seja fácil identificar as borboletas, um aluno de cada grupo representará aves em busca de alimento em cada situação.

- Combine com a turma a ordem em que cada "ave" irá caçar.
- As aves devem localizar as borboletas indicando a letra e o número do quadradinho correspondente.
- O tempo de caça para cada ave deve ser combinado antes do início do jogo (pensem em tempos curtos, de 10 a 15 segundos).
- As caçadas devem ser feitas com os três tipos de tabuleiro (Floresta, Floresta com áreas de campo e Campo).

6. No caderno, os outros alunos copiam o quadro a seguir e registram nele quantas borboletas de cada tipo foram capturadas durante o jogo por cada "ave".

	Borboleta clara	Borboleta escura
Floresta		
Floresta com áreas de campo		
Campo		

7. Com a mudança no ambiente, o que aconteceu com as borboletas? Conclua com base no que foi observado, retomando as hipóteses levantadas pela turma antes do início do jogo.

59

Paleoarte

Museus do mundo todo fazem exposições sobre a vida no passado utilizando réplicas de animais extintos e cenários dos ambientes elaborados por artistas especializados.

↑ Réplica dos dinossauros *Santanaraptor placidus* (em primeiro plano), *Angaturama limai* (também conhecido como *Irritator challengeri*) e pterossauro (no fundo, suspenso) no Museu de Paleontologia da Universidade Regional do Cariri (CE).

↑ Representação de dinossauros em **diorama** no Museu Fernbank de História Natural em Atlanta, EUA.

Você já ouviu falar de paleoarte? Como os artistas dessa especialidade trabalham? Leia a matéria a seguir para conhecer esse trabalho.

> **GLOSSÁRIO**
> **Diorama:** representação artística de um cenário real em pequena escala.

Paleoarte une arte e ciência

Os vestígios encontrados nos sítios paleontológicos trazem informações valiosas sobre a Pré-História, possibilitando construir um cenário da evolução da vida no planeta. No entanto, pedaços de esqueletos e fósseis são geralmente desprovidos de detalhes da morfologia externa, como cor e textura. Dar forma e vida a esse cenário pré-histórico é o trabalho dos paleoartistas. Seu trabalho é fundamental para os cientistas testarem hipóteses a respeito de um fóssil e ainda uma importante ferramenta de divulgação científica. "Não existe outra forma de representar como foi o passado extinto da Terra a não ser pela recriação artística. Nesse sentido a paleoarte se torna o rosto da paleontologia para o público", acredita o paleoartista Rodolfo Nogueira.

Por outro lado, segundo o artista Luciano Vidal, é uma área ainda pouco explorada no Brasil. "É um campo que pode crescer muito", acredita.

[....]

→ Réplica de tiranossauro que estava em exibição no Museu Nacional, no Rio de Janeiro (RJ), 2018, antes do incêndio que destruiu parte do acervo da instituição.

Muito além dos dinossauros

[...]

Um trabalho de paleoarte utiliza desde técnicas tradicionais de desenho com nanquim até modernos *softwares* de edição de imagens, além de modelagem/escultura, animação etc. "Uso técnicas digitais e tradicionais. No tradicional, trabalho com ilustração 2D (nanquim ou grafite sobre papel) e com esculturas em escala, utilizando porcelana fria. No digital, faço ilustrações utilizando uma mesa digitalizadora e o photoshop" [editor de imagens eletrônico], conta Silva. O resultado pode ser uma ilustração, uma escultura, uma animação digital e até mesmo um robô.

Quando se trata de dinossauros, as obras são desenvolvidas a partir dos ossos provenientes de escavações, que geralmente trazem marcas indicando onde havia inserção de músculos e ligamentos. Porém, geralmente o esqueleto desses animais não está completo. Daí os paleoartistas têm que recorrer a esqueletos de animais semelhantes para tentar completar as informações sobre a anatomia. A comparação com animais extintos (como outros dinossauros) e com espécies que vivem hoje (como lagartos e aves) é fundamental. É ela que dá dicas quanto a textura, padronização e coloração da pele. "A imaginação conecta as descobertas e preenche as lacunas e a arte traduz o conhecimento acadêmico em imagens passíveis de entendimento pela sociedade", explica Nogueira. E, assim, surgem animais nunca vistos por olhos humanos.

A aplicação da paleoarte é vasta. As obras criadas por esses artistas podem compor projetos científicos, servir como ferramentas de divulgação para o público em geral em mostras e exposições, ilustrar livros didáticos etc. "Tive o privilégio de participar de diversos projetos, abrangendo vários segmentos com diferentes alcances, desde exposições temporárias e projetos em museus, livros, revistas, jornais e até mesmo álbuns de figurinhas", conta Elias, do Museu de Zoologia da USP.

Chris Bueno. Paleoarte une arte e ciência. *Ciência e Cultura*, v. 67, n. 4, p. 60-61, dez. 2015.
Disponível em: http://cienciaecultura.bvs.br/pdf/cic/v67n4/v67n4a19.pdf. Acesso em: 2 maio 2019.

1. Por que a paleoarte é importante para a ciência e para o público em geral?

2. Por meio da paleoarte, podemos refletir sobre o papel da imaginação no desenvolvimento das obras de reconstituição de seres vivos extintos. Em que momento o trabalho do artista depende da imaginação e da criação de hipóteses?

3. Como os artistas da paleoarte trabalham as formas e as cores dos animais com base na observação de seus fósseis?

4. Quais são as técnicas usadas pelos paleoartistas?

5. O que são reproduções em escala? O que significa, por exemplo, uma reprodução em escala 1 : 10 de um animal que, vivo, teria 6 metros de altura?

APOIO

Leandro Sanches Arte: http://leandrosanchesarte.blogspot.com/p/paleoarte.html. Em seu *blog*, Leandro Sanches mostra como são criadas diversas peças em paleoarte.

Como montar um dragão

Os habitantes da China Antiga, ao encontrarem ossos de dinossauros, acreditavam que se tratava de ossos de dragões.

Os dragões são parte da mitologia chinesa e, por isso, são representados em festas tradicionais dessa cultura, como nas comemorações de Ano Novo.

↑ Comemoração do Ano Novo Chinês no bairro da Liberdade em São Paulo (SP).

↑ Tradicional corrida de barcos no Festival do Dragão, em Taipei, Taiwan.

Planejamento e criação

Em dupla, vocês planejarão e criarão um dragão. Pesquisem imagens em livros, revistas e na internet para enriquecer o trabalho.

1. Juntos, imaginem quais serão as características do dragão que vocês vão criar: se tem antenas, chifres, asas, barbatanas ou nadadeiras; se tem garras nos dedos; tamanho das partes do corpo; cores etc.

2. Imaginem também os hábitos da criatura e como seria o ambiente em que vive (mares, montanhas, florestas etc.), ao qual estaria mais bem adaptado. Quanto mais detalhes forem planejados, mais interessante será o produto.

3. Façam esboços tanto da criatura quanto de seu ambiente. Eles podem ser feitos em papel e modelados em argila e outros materiais.

Técnicas de modelagem

4. Aproveitem a elaboração do dragão para estudar técnicas de modelagem.

Há diferentes tipos de massa para modelagem que podem ser experimentados antes de decidir qual é o mais adequado às necessidades do grupo para a escultura do dragão. Explorar os materiais é muito importante para conseguir um resultado interessante. Um artista deve conhecer diversos materiais; há muitas opções, como papel machê, empapelamento, argila, *biscuit*, plastilina, entre outras.

É bom saber que, quando seca naturalmente, a argila pode rachar e comprometer o acabamento do trabalho final, que não ficará tão bom. O *biscuit* é mais indicado para peças pequenas e pode ser encontrado já pronto em lojas de artesanato ou ainda preparado com amido de milho cozido e outros ingredientes. Já a plastilina, uma massa plástica industrializada, é bastante utilizada por bonequeiros. Você e os colegas ainda podem buscar na internet receitas de papel machê, de *biscuit* caseiro e de empapelamento. No boxe a seguir, leia mais informações sobre a elaboração do dragão com papel machê.

Papel machê

Papel machê é o nome dado a uma mistura de papel rasgado em tiras ou moído e grude (veja receita a seguir). Essa mistura pode ser utilizada para cobrir uma estrutura previamente planejada, criando assim diferentes objetos, como uma escultura.

O primeiro passo do trabalho em papel machê é fazer uma estrutura no formato desejado.

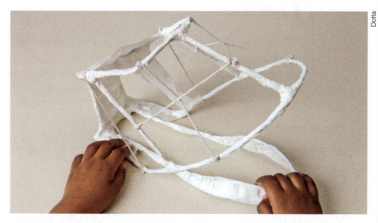
↑ Estrutura de cabeça de dragão feita com arame e fita crepe.

Elas podem ser elaboradas com papelão, arame, jornal, fita-crepe, entre outros materiais. Essas estruturas darão volume necessário para a cobertura com papel machê, que também pode ser aplicado sobre moldes como tigelas e copos, que darão apoio para a massa secar.

Para o papel machê, é preciso fazer dois componentes que devem ser misturados: grude e papel rasgado ou moído.

Grude

Diversos tipos de farinha podem virar uma goma, como maisena, farinha de trigo ou polvilho.

1. Coloquem meio copo de farinha em um litro de água fria e misturem bem para ficar homogêneo.
2. Levem a mistura ao fogo e mexam com a colher enquanto ferve, para não empelotar.
3. Encontrem o ponto do grude (um mingau espesso, sem gomos).
4. Acrescentem meio copo de vinagre, para evitar fungos.
5. Deixem esfriar.

ATENÇÃO!

É fundamental a supervisão de um adulto. Não manuseiem o material no fogão sem orientação e acompanhamento de um responsável.

Papel rasgado em tiras

Diversos tipos de papel podem ser transformados em papel machê: papel-jornal, folha de sulfite, papel higiênico etc.

1. Cortem ou rasguem o papel escolhido em tiras.
2. Mergulhem as tiras no grude.
3. Coloquem as tiras na base previamente elaborada em papelão, arame etc.
4. Repitam o procedimento até cobrir toda a estrutura com diversas camadas de tiras de papel. Procurem fazer ao menos três camadas.

↑ Tira de papel umedecida no grude.

↑ Tiras de papel com grude aplicadas na estrutura.

63

ATENÇÃO!

O volume do papel rasgado deve ser sempre maior do que o de grude. Separem uma boa quantidade de papel, calculando-a com base no tamanho do objeto a ser produzido. No final da produção, caso sobre grude ou massa, vocês podem guardá-los na geladeira em um recipiente com tampa.

Papel moído

Se vocês quiserem experimentar outra mistura, é possível moer o papel em vez de rasgá-lo.

1. Piquem o papel e o coloquem em uma bacia.
2. Joguem água quente.
3. Misturem uma quantidade generosa de vinagre para evitar fungos.
4. Deixem a mistura descansar durante seis horas, no mínimo.
5. Com o auxílio de um pano, retirem o excesso da água do papel picado.
6. Batam no liquidificador o papel picado sem água.
7. Juntem o papel moído com o grude e vocês terão papel machê!

↑ Papel moído umedecido com mistura de água quente e vinagre.

ATENÇÃO!

É fundamental a supervisão de um adulto. Não manuseiem água quente.

Técnicas de acabamento

5. Agora, leiam mais informações sobre técnicas de pintura e acabamento.

Além das cores, é possível explorar texturas para dar acabamento à pele dos dragões.

Na natureza, há muitas texturas que podem ser percebidas por meio da visão e do tato. Pelo toque, sentimos o aspecto – que pode ser rugoso, áspero ou liso –, além de outras características do material, como o brilho e a umidade (se é seco ou úmido). A natureza é muito rica em texturas, perceptíveis na madeira, pedra, folhagem e terra, por exemplo. Materiais fabricados, como folha de alumínio, purpurina, lantejoulas, plumas sintéticas ou mesmo tecido, também podem entrar na lista de acabamentos possíveis.

↑ Folhagem.   ↑ Rocha.   ↑ Madeira.   ↑ Areia.   ↑ Escama de peixe.   ↑ Pelo de animal.

6. Antes de iniciar a modelagem do dragão de vocês, combinem com as demais duplas o uso de uma mesma escala para comparar o tamanho dos dragões. Completem o esboço, testem técnicas e mãos à obra!

7. Após concluí-lo, apresentem o dragão de vocês à turma, mencionando os materiais que foram utilizados no processo de criação. Considerem também as características dos materiais usados na escultura e contem como é o ambiente em que ele vive, ao qual o corpo dele está adaptado.

História geológica da vida

> **GLOSSÁRIO**
> **Geologia:** ciência que estuda a natureza dos materiais que compõem o globo terrestre, sua formação e disposição atual.

Dois séculos depois das pesquisas de Charles Darwin, gerações de cientistas já reuniram uma enorme quantidade de informações sobre o passado da Terra, suas rochas e fósseis, estudados pela Paleontologia e pela **Geologia**.

Atualmente, por meio de procedimentos físico-químicos, podemos estabelecer a idade de rochas e fósseis. E, com a organização das informações geológicas, é possível visualizar as transformações do clima e das paisagens terrestres.

Segundo a teoria conhecida como **deriva dos continentes**, ilustrada no esquema 1, ao final da Era Paleozoica, há cerca de 300 milhões de anos, formou-se um único continente na Terra, a chamada **Pangeia**, que continha vulcões.

Na Era Mesozoica, 200 milhões de anos atrás, a Pangeia começou a se partir, constituindo dois grandes blocos. O do norte (Laurásia) era composto pelo que hoje chamamos América do Norte, Europa e Ásia. O bloco do sul (Gondwana) era formado pelo que hoje chamamos América do Sul e África. A Antártica, a Austrália e a Índia (em laranja no esquema) atuais eram blocos menores. Ao fim da Era Mesozoica, a América do Sul atual já estava se afastando da África e a América do Norte se separando da Europa, mantendo, porém, uma faixa ligada ao norte, hoje conhecida como **Estreito de Bering**.

Esquema 1 – A transformação dos continentes nos últimos 225 milhões de anos

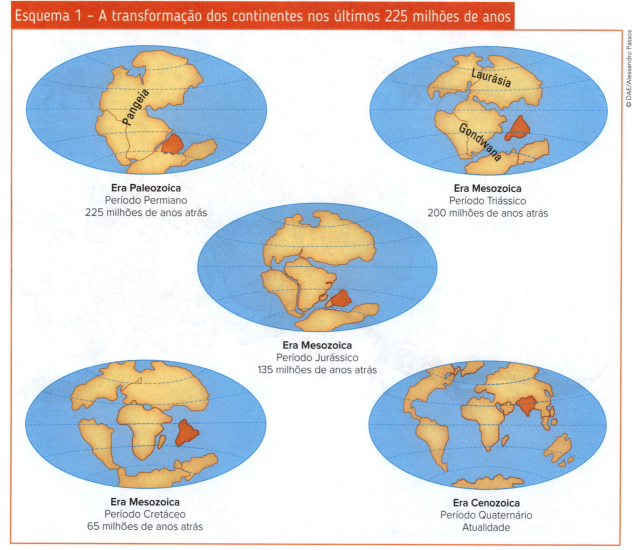

Fonte: *Atlas geográfico escolar*. 7. ed. Rio de Janeiro: IBGE, 2016. p. 12.

O deslocamento dos continentes pelo globo foi acompanhado de movimentos na crosta terrestre, como o erguimento de cordilheiras e a abertura de fissuras. Esses fenômenos estão diretamente relacionados com a ocorrência de terremotos e erupções vulcânicas.

Assim como o movimento dos continentes, a biosfera e o clima variaram muito no decorrer dos tempos. Em diversos períodos, ocorreu a formação de grandes geleiras – as chamadas **glaciações**. Também houve momentos de extinção em massa de seres vivos.

Desde sua origem, a vida se manifesta em formas variadas e se espalhou por mares e continentes, com seus diversos climas, de acordo com as idades da Terra. Seres vivos de várias espécies habitaram um mesmo local em diferentes tempos. Muitos se extinguiram, mas deixaram descendentes que foram se transformando e sendo selecionados geração após geração, conforme os ambientes em que habitavam. A presença de fósseis de mesmo tipo nos continentes atuais dão evidências da existência, no passado, da Pangeia.

Esquema 2 – Presença dos mesmos tipos de fósseis nos continentes atuais

Fonte: Laboratório de Paleontologia da Amazônia (UFRR). *Deriva continental*.
Disponível em: http://ufrr.br/lapa/index.php?option=com_content&view=article&id=%2093. Acesso em: 3 maio 2019.

VAMOS APROFUNDAR

1. Com base nas informações do texto e do esquema 1, responda às questões a seguir.

   a) Por que o intervalo de tempo que abrange a Era Mesozoica, com seus três períodos – Triássico, Jurássico e Cretáceo –, é o foco do esquema?

   b) Quais mudanças são observadas entre os continentes desde o Período Cretáceo até a atualidade?

2. Qual seria o continente formado no esquema 2? Consulte o esquema 1.

3. Observe o esquema 2 e faça uma lista das principais informações.

4. Relacione a transformação da Pangeia (esquema 1) com a distribuição de fósseis (esquema 2) entre os continentes. Por que os cientistas afirmam, com relativa segurança, que existiu o supercontinente da Pangeia?

5. Entre os fósseis citados no esquema 2, não são apresentados mamíferos nem plantas com flor. Elabore uma hipótese para explicar essa ausência.

6. A crosta na superfície da Terra (tanto os continentes como a área coberta pelos oceanos) é a parte mais externa das placas tectônicas (massas rochosas que alcançam o magma terrestre). Não percebemos os deslocamentos das placas, mas há instrumentos que medem sua velocidade e intensidade. Terremotos e *tsunamis*, por exemplo, são causados pela movimentação entre as placas. Veja o mapa a seguir, que indica a ocorrência de vulcões e terremotos.

Mapa-múndi: Placas tectônicas e vulcões ativos

Fonte: *Atlas geográfico escolar*. 7. ed. Rio de Janeiro: IBGE, 2016. p. 13.

   a) Explique o que são os continentes da África e da América do Sul em relação às placas onde se encontram.

   b) Veja o mapa com atenção e elabore hipóteses para explicar a incidência de vulcões nas falhas das placas tectônicas. Em sala, apresente o resultado do trabalho aos colegas e o discuta com eles.

67

7. Observe as três figuras a seguir. Analise com atenção a fauna e flora representados. Compare as paisagens e elabore uma hipótese para a ordem cronológica das imagens. Para auxiliá-lo, consulte o infográfico na próxima página.

↑ Primeiras aves, diversificação de grandes dinossauros. Coníferas ancestrais dos pinheiros dominam a Terra.

↑ Diversificação dos anfíbios. Insetos se espalham pelo planeta. Aparecimento dos primeiros répteis. Período marcado por clima úmido e grandes florestas de samambaias.

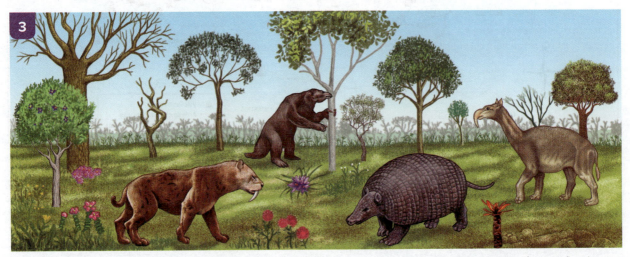

↑ Grandes mamíferos viveram em áreas cobertas por paisagem semelhante aos cerrados atuais, com árvores floridas.

Eras geológicas

A vida na Terra abrange cinco grandes eras. Em cada uma delas ocorreram grandes mudanças geológicas e surgiram diferentes formas de vida.

O tempo de existência da Terra denomina-se **tempo geológico**.
O intervalo de tempo mais longo foi o Pré-Cambriano, seguido pelas eras Paleozoica, Mesozoica e Cenozoica, a mais recente. Cada era é subdividida em períodos de acordo com a idade das rochas e de seus fósseis.

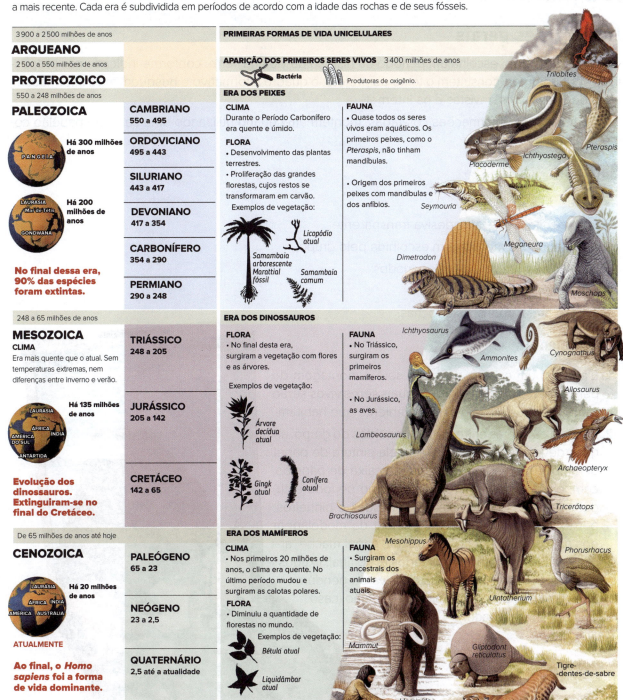

3 900 a 2 500 milhões de anos			PRIMEIRAS FORMAS DE VIDA UNICELULARES
ARQUEANO			
2 500 a 550 milhões de anos			APARIÇÃO DOS PRIMEIROS SERES VIVOS — 3 400 milhões de anos
PROTEROZOICO			Bactéria — Produtoras de oxigênio.
550 a 248 milhões de anos			ERA DOS PEIXES
PALEOZOICA	CAMBRIANO 550 a 495		**CLIMA** Durante o Período Carbonífero era quente e úmido. **FAUNA** • Quase todos os seres vivos eram aquáticos. Os primeiros peixes, como o *Pteraspis*, não tinham mandíbulas. • Origem dos primeiros peixes com mandíbulas e dos anfíbios.
Há 300 milhões de anos — PANGEIA	ORDOVICIANO 495 a 443		**FLORA** • Desenvolvimento das plantas terrestres. • Proliferação das grandes florestas, cujos restos se transformaram em carvão. Exemplos de vegetação: Samambaia arborescente Marattial fóssil — Licopódio atual — Samambaia comum
	SILURIANO 443 a 417		
Há 200 milhões de anos — LAURÁSIA Mar de Tétis GONDWANA	DEVONIANO 417 a 354		
	CARBONÍFERO 354 a 290		
No final dessa era, 90% das espécies foram extintas.	PERMIANO 290 a 248		
248 a 65 milhões de anos			ERA DOS DINOSSAUROS
MESOZOICA **CLIMA** Era mais quente que o atual. Sem temperaturas extremas, nem diferenças entre inverno e verão.	TRIÁSSICO 248 a 205		**FLORA** • No final desta era, surgiram a vegetação com flores e as árvores. Exemplos de vegetação: Árvore decídua atual — Gingk atual — Conífera atual	**FAUNA** • No Triássico, surgiram os primeiros mamíferos. • No Jurássico, as aves.
Há 135 milhões de anos — LAURÁSIA ÁFRICA AMÉRICA DO SUL ÍNDIA ANTÁRTIDA	JURÁSSICO 205 a 142		
Evolução dos dinossauros. Extinguiram-se no final do Cretáceo.	CRETÁCEO 142 a 65		
De 65 milhões de anos até hoje			ERA DOS MAMÍFEROS
CENOZOICA	PALEÓGENO 65 a 23		**CLIMA** • Nos primeiros 20 milhões de anos, o clima era quente. No último período mudou e surgiram as calotas polares. **FLORA** • Diminuiu a quantidade de florestas no mundo. Exemplos de vegetação: Bétula atual — Liquidâmbar atual	**FAUNA** • Surgiram os ancestrais dos animais atuais.
Há 20 milhões de anos — LAURÁSIA ÁFRICA ÍNDIA AMÉRICA AUSTRÁLIA	NEÓGENO 23 a 2,5		
ATUALMENTE **Ao final, o Homo sapiens foi a forma de vida dominante.**	QUATERNÁRIO 2,5 até a atualidade		

ETAPA 2 FAZENDO ACONTECER

Nesse momento, você e os colegas devem se organizar em grupos. Cada grupo escolherá uma das quatro propostas a seguir, mas todos voltarão à questão norteadora do projeto da seção **Direto ao ponto**, procurando respondê-la:

> Como se estabeleceu a diversidade da vida ao longo da história do planeta?

Orientações gerais

Com seu grupo, escolha um período da história da vida na Terra, conforme indicado nas propostas a seguir. Juntos, consultem o texto do projeto, o quadro informativo e busquem mais informações e imagens em livros, revistas e na internet.

Com base nas informações coletadas, montem um cenário utilizando uma caixa de papelão como suporte.

Material:

- caixas de papelão;
- tesoura, fita-crepe, fita adesiva transparente;
- material para a modelagem escolhida pelo grupo;
- tintas, pincéis, cola e papéis variados;
- linhas finas, barbante ou linha;
- sucata, areia, pedriscos e rochas.

Procedimento

1. Elaborem um esboço de como será a montagem do período escolhido pelo grupo, quais seres vivos serão representados e como será o ambiente que habitam.

2. Dividam as tarefas entre os componentes do grupo: alguns devem ficar responsáveis pela pintura de papel para colar no fundo e na lateral da caixa de papelão, compondo o cenário predominante no período estudado (bosques de samambaias, musgos e pinheiros, por exemplo); outros deverão cuidar da modelagem dos animais do período, em *biscuit*, papel machê, argila etc. Eles deverão ser pintados e, no final, fixados na base do diorama com fita adesiva ou pendurados com linha dentro da caixa de papelão (caso seja um animal voador).

PROPOSTA INVESTIGATIVA 1
OS FÓSSEIS MAIS ANTIGOS

Primeira fase
Em grupo

> **Meta**
> Construir um diorama que represente uma cena do passado remoto da Terra entre a Era Proterozoica e a explosão de vida do Período Cambriano.

1. Leiam o texto a seguir.

Dos mais antigos à explosão de vida do Cambriano

Os registros fósseis nos possibilitam imaginar cenários de 3,5 bilhões de anos atrás, quando ocorreu o surgimento de vida microscópica em um planeta Terra com uma temperatura ainda muito elevada. Um bilhão de anos depois, em águas quentes e rasas, havia grande quantidade de bactérias coloridas, que poderiam ser vistas pelo microscópio. A olho nu, veríamos estromatólitos e tapetes de bactérias de diversas cores no chão de pedra úmida. Esses foram os primeiros seres vivos a fazer fotossíntese e lançar oxigênio na atmosfera terrestre, dominando o cenário por cerca de três bilhões de anos. Surgia uma variedade de algas e outros seres unicelulares.

Logo, o cenário visível não se modificou tanto. No final desse período, a comunidade de seres vivos foi enriquecida por corais nos mares mais fundos; já havia medusas de vários tamanhos, que se deslocavam entre eles, e vermes de corpo achatado, os chamados **platelmintos**.

A grande surpresa dos registros fósseis, e motivo para um longo debate científico, é conhecida como **explosão cambriana**, que ocorreu há aproximadamente 550 milhões de anos e corresponde a uma enorme quantidade de fósseis marinhos, encontrados em várias partes do mundo.

Nessa época, surgiu uma diversidade de animais metazoários, com formas primitivas dos grupos que hoje conhecemos. Há parentes de crustáceos, estrelas-do-mar, moluscos, esponjas, vermes, cordados (ancestrais de vertebrados). Além deles, outras formas extintas, bem diferentes das atuais, são encontradas na região de Ediacara (Austrália), com 660 milhões de anos.

 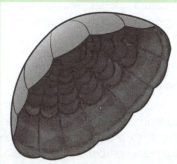

↑ À esquerda, fóssil da medusa (água-viva) com 550 milhões de anos. À direita, sua reconstituição.

2. Procurem imagens e mais informações sobre os eventos selecionados.

3. Definam qual cenário representarão para o período proposto.

Segunda fase
Em grupo

1. Planejem o diorama.

2. Executem o planejamento.

3. Preparem a apresentação.

APOIO

Breve história da Terra, de Pércio de Moraes Branco. *Serviço Geológico do Brasil – CPRM*, 3 dez. 2016. Texto que apresenta explicações sobre as eras geológicas, além de ilustrações representando a deriva dos continentes. Disponível em: www.cprm.gov.br/publique/Redes-Institucionais/Rede-de-Bibliotecas-Rede-Ametista/Canal-Escola/Breve-Historia-da-Terra-1094.html. Acesso em: 6 maio 2019.

Os estromatólitos de Hamelin Pool, de Júlio César. *Magnus Mundi*, 8 fev. 2017. Esse texto apresenta os estromatólitos na Praia de Hamelin Pool, em Shark Bay, Austrália. Disponível em: www.magnusmundi.com/os-estromatolitos-de-hamelin-pool. Acesso em: 4 maio 2019.

Período Cambriano. *Laboratório de Paleontologia da Amazônia*. Publicado pela Universidade Federal de Roraima (UFRR), esse texto contém desenhos de seres vivos no ambiente marinho. Disponível em: http://ufrr.br/lapa/index.php?option=com_content&view=article&id=%20102. Acesso em: 4 maio 2019.

PROPOSTA INVESTIGATIVA 2
DO MAR À TERRA FIRME

Primeira fase

Em grupo

Meta
Construir um diorama que represente uma cena do passado na qual ocorra a conquista do ambiente terrestre.

1. Leiam o texto a seguir.

A superfície terrestre permaneceu como um lugar de rochas nuas e com constante derrame de lava durante todo o Período Ordoviciano.

No período seguinte, o Siluriano, há 440 milhões de anos, com temperaturas mais amenas, a vida começou a "penetrar" em terra firme. Surgiram plantas com raízes fincadas no fundo da água doce que cresceram ultrapassando margens de rios e lagos. Esse ambiente passou a ser hábitat de insetos e outros artrópodes. Os invertebrados terrestres multiplicaram-se no período posterior, o Devoniano, quando também diversos tipos de samambaia se propagaram, ajudando, junto com o desgaste das rochas pelo intemperismo, na formação do solo terrestre. Nos mares, os peixes tornaram-se diversificados e abundantes. É por isso que o Período Devoniano também é conhecido como "Idade dos Peixes".

Grandes florestas de samambaias e árvores sem frutos formaram-se durante o Período Carbonífero, habitadas também por anfíbios e répteis. Contudo, o final da Era Paleozoica chegou com a forte queda da temperatura global, anunciando mais uma glaciação, que ocorreu durante o Período Permiano – mais um momento de extinção da vida, em que o gelo cobriu a maior parte do globo terrestre.

Mas o interior do planeta, em sua contínua agitação, fez a crosta terrestre se elevar. Em consequência, surgiu o supercontinente Pangeia, banhado por mares. Na Pangeia, os continentes que conhecemos atualmente se encontravam reunidos e em posições diferentes no globo terrestre.

↑ Fóssil de aracnídeo no Museu Nacional de História, Londres (Inglaterra).

2. Busquem imagens e mais informações sobre o período proposto.
3. Definam o cenário que representarão.

Segunda fase

Em grupo

1. Planejem o diorama.
2. Executem o planejamento.
3. Preparem a apresentação.

APOIO

As indicações a seguir são de páginas do Laboratório de Paleontologia da Amazônia (Lapa), da Universidade Federal de Roraima.

Período Siluriano: http://ufrr.br/lapa/index.php?option=com_content&view=article&id=104:periodo-siluriano&catid=2:uncategorised. Acesso em: 3 jun. 2019.

Período Devoniano: http://ufrr.br/lapa/index.php?option=com_content&view=article&id=105:periodo-devoniano&catid=2:uncategorised. Acesso em: 3 jun. 2019.

Período Carbonífero: http://ufrr.br/lapa/index.php?option=com_content&view=article&id=106:periodo-carbonifero&catid=2:uncategorised. Acesso em: 3 jun. 2019.

Período Permiano: http://ufrr.br/lapa/index.php?option=com_content&view=article&id=107:periodo-permiano&catid=2:uncategorised. Acesso em: 3 jun. 2019.

PROPOSTA INVESTIGATIVA 3

ERA MESOZOICA: A ESTUPENDA VIDA TERRESTRE

Meta
Construir um diorama que represente uma cena do tempo de domínio dos dinossauros e pterossauros.

Primeira fase
Em grupo

1. Leiam o texto a seguir.

> Foi na Pangeia, durante a Era Mesozoica, que ocorreu uma fabulosa sucessão de eventos. Florestas e desertos formaram-se na vigência de um clima cada vez mais quente. No primeiro período dessa era – o Triássico – surgiram os ancestrais dos dinossauros, que coexistiram com mamíferos muito pequenos, insetos gigantes, coníferas e espécies de samambaias maiores ainda do que as paleozoicas anteriores. Enquanto tudo isso acontecia, a Pangeia começava a se separar.
>
> No período seguinte – o Jurássico – os ictiossauros (animais aquáticos) ficaram tão grandes quanto as baleias atuais, e os pterossauros (animais voadores), abundantes no território do atual Brasil, dominaram os ares.
>
> Foi durante essa época que os dinossauros cresceram em tamanho e variedade. O domínio dos répteis é explicado pelo fato de eles terem sido os primeiros vertebrados a se desenvolver em ovos com casca, sendo assim protegidos do ressecamento do ambiente quente e seco. A Era Mesozoica prosseguiu com a lenta separação do supercontinente Pangeia.
>
> No final do Cretáceo, o último período da Era Mesozoica, ocorreu a maior extinção em massa de seres vivos que se conhece. Sua causa teria sido um cataclismo global, ocasionado pela queda e o consequente impacto de um asteroide na Terra, no local hoje conhecido como Golfo do México. O impacto teria causado uma enorme nuvem de poeira que fez escurecer o planeta durante muitos anos. Essa nuvem de poeira impediu que a luz solar atingisse a superfície da Terra, ocasionando o resfriamento do planeta e a morte de várias plantas. Devido à mudança do clima e à falta de alimento, animais herbívoros de inúmeras espécies se extinguiram. Esse fato explicaria o desaparecimento dos grandes dinossauros, dos ictiossauros, de diversos grupos de invertebrados e de outros seres aquáticos.

↑ Fóssil de ictiossauro no Museu Dinosaurland Fossil, em Dorset (Inglaterra).

2. Busquem imagens e mais informações sobre o período proposto.
3. Definam o cenário que representarão.

APOIO
As indicações a seguir são de páginas do Laboratório de Paleontologia da Amazônia (Lapa), da Universidade Federal de Roraima.

Período Triássico: http://ufrr.br/lapa/index.php?option=com_content&view=article&id=108:periodo-triassico&catid=2:uncategorised. Acesso em: 3 jun. 2019.

Período Jurássico: http://ufrr.br/lapa/index.php?option=com_content&view=article&id=109:periodo-jurassico&catid=2:uncategorised. Acesso em: 3 jun. 2019.

Período Cretáceo: http://ufrr.br/lapa/index.php?option=com_content&view=article&id=110:perido-cretaceo&catid=2:uncategorised. Acesso em: 3 jun. 2019.

Segunda fase
Em grupo

1. Planejem o diorama.
2. Executem o planejamento.
3. Preparem a apresentação.

PROPOSTA INVESTIGATIVA 4

ERA CENOZOICA: AO FINAL, SURGE A ESPÉCIE HUMANA

Primeira fase

Em grupo

Meta

Construir um diorama que represente uma cena do tempo dos mamíferos gigantes e do advento do ser humano.

1. Leiam o texto a seguir.

Na Era Cenozoica, a distribuição dos continentes da Terra já era mais semelhante à atual. Dos últimos 66 milhões de anos, os primeiros 40 milhões encontram-se no Período Paleógeno, que começou com clima quente, em continuidade ao anterior.

Após a extinção em massa ocorrida na era anterior, as comunidades de seres vivos se reorganizaram, sendo que os mamíferos se tornaram predominantes. Essa era considerada a idade dos mamíferos e das aves modernas. Havia lagartos, parecidos com os dinossauros, mas bem menores. Em florestas densas e pradarias, onde predominavam as angiospermas, surgiram os primatas. No final do Paleógeno, apareceram os macacos antropoides.

O Período Neógeno, que se iniciou há aproximadamente 26 milhões de anos, caracterizou-se pela expansão de espécies de mamíferos pelos continentes. Posteriormente, os mamíferos tornaram-se gigantes, formando a chamada **megafauna**. Há fósseis dos grandalhões da megafauna em toda a América do Sul. Algumas espécies conviveram com os primeiros seres humanos sul-americanos, pois se estima que elas estiveram por aqui no período entre 2 milhões e cerca de 10 mil anos atrás, durante o Pleistoceno.

Há 2,5 milhões de anos, na África, surgiram as primeiras marcas de cultura dos hominídeos, que já usavam ferramentas de pedra. Conforme a teoria mais aceita, há cerca de 200 mil anos uma população de *Homo sapiens*, humanos como somos atualmente, originou-se na África. Outras espécies do gênero *Homo*, consideradas nossas "primas", também evoluíram e depois foram extintas. Destacam-se os *Homo neandertalensis*, que provavelmente saíram do continente africano e migraram para a Europa, onde viveram durante muito tempo. Estavam lá há 40 mil anos e conviveram com ancestrais de nossa espécie.

Entre 80 e 40 mil anos atrás, grupos de *Homo sapiens* deixaram a África, e seus descendentes se espalharam amplamente pela Europa, Ásia e Oceania. Há cerca de 15 mil anos, os humanos chegaram à América do Norte e, por volta de 12 mil anos, alcançaram a América do Sul. Ainda não há consenso entre os cientistas a respeito dessas datas, que podem sofrer alterações conforme novos fósseis são descobertos e analisados.

↑ Pegadas fossilizadas de ancestrais humanos, datadas em 3,6 milhões de anos, foram encontradas na Tanzânia, em 1978.

2. Busquem imagens e mais informações sobre o período proposto.

3. Definam o cenário que representarão.

Segunda fase

Em grupo

1. Planejem o diorama.

2. Executem o planejamento.

3. Preparem a apresentação.

APOIO

As indicações a seguir são de páginas do Laboratório de Paleontologia da Amazônia (Lapa), da Universidade Federal de Roraima.

Período Paleógeno: http://ufrr.br/lapa/index.php?option=com_content&view=article&id=111:periodo-paleogeno&catid=2:uncategorised. Acesso em: 3 jun. 2019.

Período Neógeno: http://ufrr.br/lapa/index.php?option=com_content&view=article&id=112:periodo-neogeno&catid=2:uncategorised. Acesso em: 3 jun. 2019.

Período Quaternário: http://ufrr.br/lapa/index.php?option=com_content&view=article&id=113:periodo-quaternario&catid=2:uncategorised. Acesso em: 3 jun. 2019.

ETAPA 3 — RESPEITÁVEL PÚBLICO

É chegada a hora de finalizar as propostas investigativas desenvolvidas pelos grupos e comunicá-las a um público mais amplo. Todas elas se relacionam ao tema geral do projeto e à questão do quadro **Direto ao ponto** (página 53).

Os produtos finais são momentos de troca e de compartilhamento, entre os alunos, do que foi aprendido durante o processo. É justamente a participação de cada aluno nas apresentações de todos os grupos que possibilita compreender o tema do projeto de forma mais ampla.

Neste projeto, as pesquisas sobre a evolução dos seres vivos, em diferentes tempos geológicos, proporcionam uma melhor compreensão do estabelecimento da diversidade da vida na Terra ao mesmo tempo que reforçam a importância dos registros artísticos para os estudos desse campo.

> **Produto final**
> Exposição de dioramas sobre a vida no passado terrestre.

Com a ajuda dos coordenadores e professores, marquem no calendário escolar um dia para a inauguração da exposição dos dioramas criados pela turma e organizem um espaço da escola para receber os visitantes.

Convidem amigos, colegas e familiares para a exposição. Estejam preparados para contar:
- o que foi representado no diorama do grupo;
- como foram feitos os trabalhos em paleoarte.

BALANÇO FINAL

Avaliação coletiva

Em uma aula com os professores de Ciências e Geografia, todos vocês conversarão sobre o desenvolvimento do projeto escolhido.

Inicialmente, recordem o que pensavam sobre a questão norteadora no começo do projeto. Depois, respondam:
- O que vocês aprenderam com esse projeto tendo em vista o que se propuseram a investigar?
- Os produtos finais conduziram ao problema e à respectiva solução?
- Que outras pesquisas poderiam ser feitas? Quando?
- Como sua compreensão do tema do projeto foi se ajustando ao longo das atividades?

Avaliação individual

Conclua a avaliação feita ao longo do projeto. É o momento de verificar seu desempenho na execução dele em conjunto com a avaliação dos docentes e a autoavaliação.

> Em uma visita a um museu de História Natural, você se depararia com esqueletos, reconstituições e dioramas que demonstram como era a vida no passado distante da Terra. Depois de desenvolvido este projeto, o que você gostaria de investigar em um museu como esse?

→ Visitantes do Museu Nacional de História Natural em Washington (EUA), 2016.

PROJETO 4
Comunicação digital

Com a evolução da tecnologia e o aprimoramento das linguagens de programação, o uso de computadores se estendeu para diversas áreas: processadores de textos, planilhas eletrônicas, exibição de imagens, transmissão de sons, automação industrial, entre outras.

A partir da década de 1990, com a internet, as possibilidades de transmissão de informações se expandiram a ponto de parecer que todo o conhecimento do mundo está ao alcance de computadores, *tablets* e *smartphones*.

Estamos mundialmente interligados pela internet por meio de muitas linguagens – dos códigos de programação às interfaces visuais, que proporcionam ao usuário a experiência de navegar nas diversas redes conectadas. Resta saber como essa nova forma de comunicação pode ajudar na construção da sociedade.

DE OLHO NO TEMA

Grace Hopper (Estados Unidos, 1906-1992) é responsável por uma revolução na história da informática, que ela apresentou em 1952: um computador capaz de processar dados em língua inglesa e não apenas por meio de símbolos matemáticos. Considerada a mãe da programação, Hopper contribuiu para tornar os computadores mais acessíveis.

- Em sua opinião, o que contribuiu para a evolução dos computadores até os modelos atuais?
- Quais usos você faz da internet: lazer, comunicação, estudo ou outro?
- Você considera que há vantagens em poder acessar e divulgar conhecimentos pela internet? Quais? E há desvantagens? Quais?

DIRETO AO PONTO

Como a cultura digital contribui para o seu desenvolvimento pessoal e da sociedade em geral?

JUSTIFICATIVAS

- A internet possibilita grandes oportunidades de nos expressarmos livremente. Por esse meio, nossa mensagem alcança, potencialmente, qualquer canto do planeta. Entretanto, assim como a liberdade de expressão aumenta, aumenta também nossa responsabilidade nas informações que compartilhamos e na maneira pela qual nos comportamos em relação a outras pessoas. É importante cuidar da ética na comunicação no que tange à responsabilidade e consequências no mundo e na sociedade.

OBJETIVOS

- Distinguir elementos textuais para a construção do conhecimento na internet.
- Avaliar a rede de compartilhamento de arte, literatura e outras formas de entretenimento.
- Investigar elementos da linguagem visual na comunicação da internet.

QUAL É O PLANO?

Etapa 1 – Explorando o assunto
- Mundo interligado
- Comunicação visual

Etapa 2 – Fazendo acontecer
- **Proposta investigativa 1** – Participação *on-line*
- **Proposta investigativa 2** – Comunidade virtual
- **Proposta investigativa 3** – *Design* para idosos

Etapa 3 – Respeitável público
- Organização e seleção dos conhecimentos adquiridos
- Preparação e apresentação dos produtos finais

Balanço final
- Avaliação coletiva e individual

Avaliação continuada: Vamos conversar sobre isso?

Adolescentes usam *tablets* e *smartphones*.

ETAPA 1 — EXPLORANDO O ASSUNTO

Mundo interligado

Na **web** temos acesso a uma imensa quantidade de informações, muitas delas em tempo real e sem custos. Essa abundância de dados, textos e imagens, porém, é absorvida com frequência sem nenhum pensamento crítico. Isso significa que várias pessoas ainda não desenvolveram o hábito de averiguar as informações que recebem e simplesmente as repassam. É preciso confrontar diferentes fontes para saber se as informações transmitidas são confiáveis e, dessa forma, analisar e criticar aquilo que captamos.

> **GLOSSÁRIO**
>
> **Web**: palavra inglesa para "teia", "rede". É também a forma reduzida da expressão *world wide web* (**www**), que em português traduzimos para **rede mundial de computadores**, que é a internet.

Assim como levamos um bom tempo para aprender a ler, é preciso dedicação para avaliar o que lemos. É muito importante compreender a construção, cada vez mais rápida, do conhecimento produzido no mundo atualmente.

Para começar, vamos estudar o desenvolvimento de algumas tecnologias que contribuíram para chegarmos ao cenário atual.

Computadores interligados

No final da década de 1940, foram construídos os primeiros computadores, cuja função era realizar cálculos numéricos trabalhosos mais rápido do que era feito pelas pessoas e calculadoras da época. Os equipamentos receberam esse nome porque as pessoas que executavam os cálculos eram chamadas de "computadores".

No início, os computadores eram equipamentos de grande porte, que ocupavam salas inteiras e eram usados somente pelos governos ou por grandes empresas. Apenas na década de 1980 essas máquinas tornaram-se populares e começaram a ser utilizadas no ambiente doméstico.

↑ Fotografia do primeiro computador do mundo, chamado Eniac, sigla de Eletronic Numerical Integrator and Computer (Computador e Integrador Numérico Eletrônico), 1946.

↑ Criança manuseia um computador doméstico no Colorado (EUA), 1982.

Compreendendo nomes e funções

Três componentes são importantes para o bom desempenho de um computador: a velocidade do processador (CPU), a capacidade de armazenamento e a quantidade de memória RAM (do inglês *random-access memory*, que pode ser traduzido como "memória de acesso aleatório").

A CPU (do inglês *central processing unit*, ou "unidade de processamento central"), considerada o "cérebro" do computador, é um *chip* também conhecido como microprocessador. Quanto maior sua velocidade, maior sua capacidade de processamento de *bits* (menor unidade de informação) por segundo. Esse conteúdo é recebido pela CPU na forma de códigos, que são processados e interpretados, podendo, então, ser visualizados pelo usuário.

As informações armazenadas na memória de um computador são transformadas em hipertexto e em multimídia: textos escritos, gráficos, mapas, fotografias, filmes, músicas, áudios etc.

MARCOS DA CONEXÃO EM REDE

Vinton Cerf em maio de 2019.

1974 — Internet
Codificação dos protocolos de transmissão, assinada pelos pesquisadores Vinton Cerf, Yogen Dalal e Carl Sunshine (EUA).

1985 — Surgimento da National Science Foundation Network (Rede Nacional de Fundações Científicas). Conjunto de redes universitárias com computadores conectados à internet pelo endereço IP (EUA).

Computadores na National Science Foundation Network (NSFNET) da década de 1980.

Computador PC XT 8086, modelo que protagonizou a primeira conexão via internet do Brasil, entre a Universidade Federal do Rio de Janeiro (UFRJ) e a Universidade da Califórnia (UCLA), nos Estados Unidos, em 1992.

1992 — Aparecimento da (www), a rede mundial de computadores.
Os pesquisadores Tim Berners-Lee e Robert Cailliau projetam a rede mundial de computadores.

2000 — Estabelece-se o padrão atual: Web 2.0. Era das redes sociais.

79

Explosão de conhecimento e a cultura *wiki*

A explosão de acesso à informação é característica do mundo atual, mas nem sempre as informações foram tão acessíveis. No mundo ocidental, durante séculos, o compartilhamento de certos tipos de conhecimento ficou restrito a um pequeno grupo, formado sobretudo por membros da elite e do clero.

Mudanças tecnológicas, sociais e culturais possibilitaram que mais pessoas tivessem acesso à leitura, e a informação modificou a noção do que era conhecimento. Hoje, que passamos tanto tempo "navegando na internet", como se dá a transformação do conhecimento?

Uma das principais inovações tecnológicas que possibilitou o aumento da difusão do conhecimento foi a invenção da prensa de tipos móveis, em meados do século XV. Atribuída ao germânico Johannes Gutenberg (c. 1400-1468), esse equipamento possibilitou a reprodução de livros em grande quantidade, que antes precisavam ser copiados à mão. Essa invenção é considerada tão determinante para o desenvolvimento da sociedade moderna que Gutenberg foi indicado a "Homem do Milênio" pela revista estadunidense *Time Life*. A invenção de Gutenberg também é um dos fatores que assinalam a passagem da Idade Média para a Idade Moderna.

Na imagem, vemos a prensa à esquerda, com a placa de tipos móveis formando a página a ser impressa. Essa placa recebe tinta e é prensada na folha, imprimindo o texto.

↑ Em meados do século XV Johannes Gutenberg examina uma prova. Gravura colorizada à mão, século XIX.

Não é à toa que a "explosão de informação" marca o Período Moderno. No início do século XVI, cerca de 250 centros europeus tinham prensas de tipos móveis, produzindo por volta de 27 mil edições. Com uma tiragem de cerca de 500 exemplares por edição, naquele século chegou-se a mais de 13 milhões de livros em circulação na Europa Ocidental, cuja população girava em torno de 100 milhões de pessoas. Entre 1500 e 1750, a estimativa de volumes publicados alcançou a marca dos 130 milhões de exemplares.

As traduções da Bíblia do latim para as línguas nacionais no contexto da Reforma Protestante contribuíram para o surgimento de novos leitores. Por sua vez, o Index – Índice de Livros Proibidos, criado pela Igreja Católica para conter obras consideradas heréticas – revelou a difusão alcançada por obras de diferentes temáticas.

A era das enciclopédias

No século XVIII, no contexto do Iluminismo, apareceram novas formas de apresentar e transmitir conhecimento: as enciclopédias. Entre 1751 e 1772, os franceses Jean le Rond d'Alembert (1717-1783) e Denis Diderot (1713-1784) estiveram à frente de um projeto que pretendia reunir todo o conhecimento humano acumulado até então. Iniciado com base na tradução da *Cyclopaedia* (um "Dicionário Universal de Artes e Ciências"), publicada em dois volumes em 1728 na cidade de Londres, a enciclopédia francesa ampliou o conteúdo, alcançando 28 volumes e cerca de 2 mil verbetes/artigos. Dezenas de especialistas em diferentes áreas foram convidados para escrever os verbetes, que em muitos casos eram acompanhados de ilustrações para facilitar a compreensão dos temas abordados.

Essa forma de reunir o conhecimento humano em enciclopédias passou por melhorias ao longo das décadas, mas o formato permaneceu similar: um livro físico com verbetes organizados em ordem alfabética. Ter em sua casa uma enciclopédia com vários volumes, como a Barsa, a Britânica ou a Delta-Larousse, estava entre as ambições de muitas famílias até o final da década de 1990.

O aumento do consumo de livros ampliou as possibilidades de modos de leitura. Houve a introdução ou mesmo a ressignificação de expressões como "consultar", "ler superficialmente, na diagonal" ou "leitura dinâmica". Dessa forma, o próprio acesso à informação gerou a necessidade de processar essas informações e também de questionar o que se entende por conhecimento.

O livro impresso atravessou séculos sendo o mais importante veículo de informação.

Almeida Júnior. *Leitura*, 1892. Óleo sobre tela, 95 cm × 141 cm.

Enciclopédia *on-line*

Com a ampliação do acesso à internet, houve a popularização das enciclopédias *on-line*. A mais conhecida é a Wikipédia, cujo nome deriva da junção de **wiki**, expressão de origem havaiana que significa "rápido", com o termo grego **paideia**, que significa "formação" ou "educação".

A Wikipédia é uma enciclopédia digital colaborativa, ou seja, seu conteúdo é produzido por um esforço conjunto de milhares de usuários. Trata-se de um grande repositório de informações, cujos artigos por vezes apresentam erros ou mesmo ausência de fontes. Ao mesmo tempo, há um grande esforço da própria Wikipédia em advertir quando um artigo tem problemas e precisa, por exemplo, que fontes confiáveis sejam acrescentadas a ele.

A disponibilização da informação de forma mais simples e acessível facilita, infelizmente, práticas como "copiar e colar", o que reduz o cuidado com as informações selecionadas e com a indicação de fontes e referências bibliográficas, essenciais para a disseminação do conhecimento. Desenvolver senso crítico sobre as informações acessadas torna-se, portanto, um desafio.

A seguir, leia e compare os resultados de busca de dois verbetes na Wikipédia: "Iluminismo" e "Sociedade da informação".

Página da enciclopédia colaborativa Wikipédia referente ao verbete "Iluminismo". Disponível em: https://pt.wikipedia.org/wiki/Iluminismo. Acesso em: 8 maio 2019.

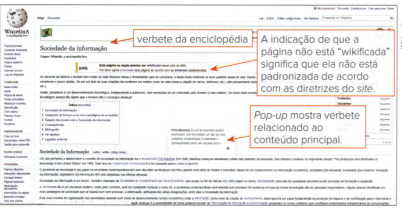

Página da enciclopédia colaborativa Wikipédia referente ao verbete "Sociedade da informação". Disponível em: https://pt.wikipedia.org/wiki/Sociedade_da_informação. Acesso em: 8 maio 2019.

81

VAMOS APROFUNDAR

1. Destaque momentos marcantes da explosão do conhecimento usando as informações do texto.

2. Os *hiperlinks* são trechos com destaque (neste caso, em azul) que, quando acionados por um clique, dão acesso a outros textos. Observe a indicação dos *hiperlinks* no verbete **Iluminismo**. Para que devemos acessá-los? Você costuma acessar *hiperlinks*?

3. Um verbete ou artigo da Wikipédia deve se embasar no diálogo com textos de referência e outras fontes de pesquisa, como imagens e documentos. Além dos *hiperlinks* com as referências bibliográficas, que outros elementos do verbete nos ajudam a identificar o diálogo entre os diferentes tipos de fonte?

4. Qual dos dois verbetes parece ter conteúdo mais confiável? Justifique sua resposta.

5. Se você fosse atualizar (ou "wikificar") o artigo "Sociedade da informação", quais estratégias de pesquisa e elaboração de texto usaria?

6. Consulte em um dicionário impresso a definição do verbete **informação**. Depois busque a definição da mesma palavra em um dicionário *on-line*. Compare as definições, apontando similaridades e diferenças.

VAMOS AGIR

Elaborem um artigo de enciclopédia colaborativa.

Procedimento

1. Escolham um subtema para ampliar o verbete **Sociedade da informação** na Wikipédia, como "Comunicação de massa" ou "Mídia digital".

2. Encontrem referências confiáveis para definir o verbete escolhido. Essas buscas podem ser feitas em livros sobre o tema, revistas especializadas, *sites* de notícias. Evitem utilizar *blogs* pessoais e textos que não tenham fontes.

3. Após a leitura dos textos de referência, destaquem as ideias principais e as resumam com suas próprias palavras. Ao incluírem as informações das referências bibliográficas pesquisadas no texto do verbete, procurem utilizar expressões como "Segundo o autor..."; "De acordo com..."; "De nossa parte, pensamos que..." para deixar claro de quais fontes provêm as informações inseridas.

4. Selecionem citações dos textos de referência para colocá-las no resumo. Citações são trechos integrais dos textos de outras pessoas; devem estar sempre entre aspas e sua origem indicada com nome do autor, título e data da publicação, número da página de livro ou revista, data de acesso do *sites* etc.

5. Reúnam os verbetes das duplas para criar um artigo de enciclopédia compartilhada da turma.

> Nome do autor. Nome do texto. Nome do *site* em que ele foi divulgado. Endereço do *site*. Data de acesso. Por exemplo:
>
> André Bürguer. O impacto das mídias sociais na vida de adolescentes e jovens. *Plurare*. Disponível em: www.plurale.com.br/site/noticias-detalhes.php?cod=10458&codSecao=2. Acesso em: 14 jun. 2019.

Arte, literatura e outras formas de entretenimento na cultura digital

Com as novas tecnologias, surgem também novas formas de encontro com a arte, a literatura, entre outros tipos de entretenimento. Nas comunidades virtuais, as pessoas se reúnem em grupos e compartilham interesses, preocupações e valores que promovem hábitos ou estilos de vida.

Investiguem quais são as novas formas de encontro com a arte, a literatura e outros tipos de entretenimento na cultura digital.

Procedimento

1. Entrevistem jovens entre 14 e 17 anos sobre o tema: "Como você usa seu tempo livre?". Veja na **Tabela 1** uma sugestão de roteiro de entrevista.
2. Para aprofundar a pesquisa de opinião quanto ao uso da internet, perguntem o que os entrevistados costumam compartilhar nas comunidades virtuais.
3. Depois, reúnam e organizem as respostas em um quadro, como no exemplo da **Tabela 2**.

Tabela 1: Modelo de questionário para pesquisa

Nome	Idade	Que tipo de atividade você pratica em seu tempo livre? Cite pelo menos duas.	Quais são suas preferências na hora de compartilhar arte, literatura e outras formas de entretenimento?	Como você compartilha esses materiais?
		Ouvir música	músicas	*e-mail*
		Ver TV	vídeos	*blog*
		Praticar esportes	notícias	redes sociais
		Ler revistas	memes	*sites* de compartilhamento de vídeos

Tabela 2: Levantamento sobre atividades de lazer

Tipos de lazer	Respostas (%)
Tocar instrumentos	
Ler livros	
Navegar na internet	
Acessar redes sociais	
Sair com os amigos	
Ir ao *shopping center*	

Reflita e registre

1. Reflita sobre o resultado das entrevistas, registre como esses temas são encontrados nas comunidades virtuais e qual é sua importância para os usuários.

Ética nas relações virtuais

GLOSSÁRIO

Sistemático: que acontece de forma regular, metódica, com certa frequência e pouca flexibilidade.

Bullying é uma palavra em inglês que, embora não tenha uma tradução literal para o português, é utilizada para definir a prática de maltratar uma pessoa de maneira **sistemática** e frequente. O *bullying* é muito conhecido por ser praticado em espaços de sociabilidade constante, como as escolas. Quando é praticada pela internet, essa prática é chamada de *cyberbullying*.

Em português, criou-se a expressão "intimidação sistemática" para descrever a prática do *bullying*. A Lei nº 13.185, de novembro de 2015, instituiu o Programa de Combate à Intimidação Sistemática, que exige a coibição dessa prática e a prevenção nas escolas por meio de campanhas de conscientização. Leia a seguir um trecho da Lei.

§ 1º No contexto e para os fins desta Lei, considera-se intimidação sistemática (*bullying*) todo ato de violência física ou psicológica, intencional e repetitivo que ocorre sem motivação evidente, praticado por indivíduo ou grupo, contra uma ou mais pessoas, com o objetivo de intimidá-la ou agredi-la, causando dor e angústia à vítima, em uma relação de desequilíbrio de poder entre as partes envolvidas.

[...]

Art. 2º Caracteriza-se a intimidação sistemática (*bullying*) quando há violência física ou psicológica em atos de intimidação, humilhação ou discriminação e, ainda:

I – ataques físicos;
II – insultos pessoais;
III – comentários sistemáticos e apelidos pejorativos;
IV – ameaças por quaisquer meios;
V – grafites depreciativos;
VI – expressões preconceituosas;
VII – isolamento social consciente e premeditado;
VIII – pilhérias.

Parágrafo único. Há intimidação sistemática na rede mundial de computadores (*cyberbullying*), quando se usarem os instrumentos que lhe são próprios para depreciar, incitar a violência, adulterar fotos e dados pessoais com o intuito de criar meios de constrangimento psicossocial.

Presidência da República. Lei nº 13.185, de 6 de novembro de 2015. Disponível em: www.planalto.gov.br/ccivil_03/_ato2015-2018/2015/lei/l13185.htm. Acesso em: 10 maio 2019.

Falar é fazer: quando falamos algo a alguém, essa fala é uma ação que provoca uma reação, mesmo que não seja imediatamente perceptível. Como somos todos diferentes, um comentário, por exemplo, pode ter pouca importância para uma pessoa e ser devastador para outra. Não se deve desconsiderar os sentimentos das pessoas, agredir verbal ou fisicamente, humilhar – essas práticas provocam profundo sofrimento e acarretam consequências para quem é alvo delas, até mesmo na vida adulta.

1. Como podemos perceber a diferença entre *bullying* e brincadeira?

2. Em sua opinião, por que a internet é um ambiente que favorece a prática do *bullying*? Você já presenciou situações de *cyberbullying* ou foi vítima dele?

3. É possível acabar com o *bullying*? Como fazer para diminuir ou resolver esse problema?

Comunicação visual

A rede mundial de computadores disponibiliza diferentes espaços para publicação de conteúdo. Esses espaços abrangem portais de notícias, *site* de compras, redes sociais, canais de compartilhamento de arquivos, imagens, vídeos etc. Seja qual for o ambiente, torna-se cada vez mais relevante o domínio da linguagem visual, que exige conhecimentos no campo artístico. Por isso, na cultura digital, a atuação do *designer* é amplamente utilizada.

Além de projetar produtos diversos, como roupas, móveis, brinquedos etc., o *designer* também é responsável por criar a programação visual em variados suportes. Acompanhe a seguir alguns elementos sobre a história do *design* nos quadros numerados.

1 Durante os séculos XIX e XX, as concentrações urbanas e as revoluções industriais produziram novos bens materiais e também simbólicos e artísticos. Essas novas manifestações artísticas estavam nas embalagens, nos produtos, nos anúncios de mercadorias e nos eventos. Cartazes de divulgação uniam assim *design* gráfico e publicidade.

← Os cartazes dessa época revelaram talentos como Jules Chéret (1836-1932) e Eugène Gasset (1845-1917). Gasset produziu esse cartaz, que divulga o livro *A idade do Romantismo*, em 1887.

2 Na metade do século XIX, no Brasil e no mundo, surgiram periódicos que utilizavam ilustrações e charges, entre outros recursos.

← Capa da *Revista Illustrada*, n. 229, ano 3, de 1880. Na charge, um fazendeiro tenta "proteger" seu escravo da "nuvem" da abolição. O periódico publicado pelo ítalo-brasileiro Ângelo Agostini (1843-1910) circulou de 1876 a 1898.

3 Após a Primeira Guerra Mundial (1914-1918) e a Revolução Russa (1917), que causaram profundas transformações no mundo, surgiram vanguardas artísticas engajadas na construção de novos valores.

← No período entre 1919 e 1933, a escola alemã de *design* Bauhaus mudou o jeito de pensar formas e cores.

4 Após o fim da Segunda Guerra Mundial em 1945, o *design* gráfico passou a ser marcado por novas regras e influências, como o uso de tipografia (diferentes tipos de fontes, números e outros símbolos) sem grandes detalhes e o uso das cores vermelha, amarela e azul, que se tornou comum nas publicações graças à influência da Bauhaus.

← O cartaz de Rogério Duarte (1939-2016) para o filme *Deus e o diabo na terra do Sol*, de Glauber Rocha (1964), trouxe renovação para a arte gráfica em diferentes plataformas (capas de discos, quadrinhos, ilustrações).

5 Desde a década de 1980, com o aparecimento dos computadores pessoais, o papel do *design* gráfico ou visual é, além de comunicar, informar, persuadir, emocionar e estimular.

1. O que o artista ou *designer* gráfico produz?

2. "*Design* é desenhar para o mercado." Reflita sobre essa frase e sobre o que você conhece a respeito da produção gráfica e responda: Qual é a importância do *design*?

Diagramação, uma organização visual

Na organização da informação no espaço gráfico, a linguagem visual é uma espécie de moldura aplicada à linguagem escrita. A linguagem visual cobre o texto escrito com os seguintes elementos: linhas ou grafismo, cores, desenhos e letras/símbolos de tamanhos variados (tipografia). A comunicação visual é indispensável para a cultura digital, uma vez que favorece a navegação de *sites*, aplicativos etc. Após a elaboração do *design*, o projeto é aplicado na diagramação do conteúdo.

Para demonstrar a importância do tratamento visual, observe a seguir uma das páginas do *site* do governo federal, em que são divulgadas iniciativas e informações de interesse dos cidadãos. O mesmo conteúdo textual é apresentado em dois formatos diferentes: com tratamento visual, desenvolvido por uma equipe de *designers*, e sem tratamento visual.

Apresentação A

↑ Ministério da Economia. Governo Digital. Disponível em: www.governodigital.gov.br/transformacao/cidadania. Acesso em: 8 maio 2019.

Apresentação B

Governo Digital	Cidadão
MINISTÉRIO DA ECONOMIA	A transformação digital do governo tem como objetivo melhorar o atendimento ao cidadão – finalidade de todas as ações do Governo do Brasil.
Buscar no portal	
Twitter	O Portal Governo Digital reúne informações sobre os instrumentos e as políticas do Governo Federal para melhorar a relação e o diálogo com o cidadão e as empresas, para a eliminação de barreiras, o aumento da transparência, o controle social das ações e a promoção da cidadania.
YouTube	
Flickr	
Fale Conosco Eventos Notícias Biblioteca Observatório Perguntas Frequentes	
VOCÊ ESTÁ AQUI: PÁGINA INICIAL > TRANSFORMAÇÃO DIGITAL > CIDADANIA DIGITAL	Dados Abertos
TRANSFORMAÇÃO DIGITAL	Veja como a política de dados abertos do governo brasileiro atua para que o cidadão possa buscar, acessar e usar as informações geridas pelos órgãos governamentais.
Contratações de tecnologia	
Cidadania Digital	
Serviços Públicos	Serviços Digitais do Governo Federal
Inclusão Digital	Sabia que muitos serviços do governo federal estão disponíveis *on-line*? O Portal de Serviços é o canal que centraliza os serviços eletrônicos dos órgãos.
Participação social	
Acessibilidade	Inclusão Digital
Dados Abertos	Conheça as iniciativas que visam garantir o uso universal das tecnologias da informação e comunicação por todas as pessoas.
Software Público Brasileiro	
Serviços de Informação ao Cidadão	
Siga o Governo do Brasil	Arquivo Consultas Públicas
Ferramentas	Legado das consultas públicas disponibilizadas no Portal do Governo Eletrônico - (2004-2015).
Cursos	
CGI.br	SICs do Governo Federal
Legislação	Confira a lista de Serviços de Informação ao Cidadão cadastrados no Sistema e-SIC do Governo Federal.
Siorg	
Biblioteca	Siga o Governo do Brasil nas redes sociais

VAMOS APROFUNDAR

1. Não parece, mas o texto do *site* e do quadro é o mesmo. Examine o que os torna aparentemente tão diferentes: organização da informação, hierarquia de títulos e subtítulos etc. Quais elementos da linguagem visual no texto do *site* facilitam sua compreensão?

2. Ao comparar a página do *site* com o texto simples, sem diagramação, evidencia-se grande diferença no tratamento da informação. Indique as diferenças percebidas durante a leitura de cada texto.

3. Escolha um *site* e comente-o com a turma. Explique a linguagem visual (tipos de fontes, cores etc.) escolhida pelos desenvolvedores da página e destaque pontos positivos e negativos, se for o caso.

A interatividade

A linguagem visual dinamiza a interação entre os usuários e o conteúdo disponibilizado. No ambiente digital, essa interação se intensifica e o leitor pode praticar a chamada interatividade, que se expressa pela escolha em clicar em abas, acessar *hiperlinks*, áudios e vídeos. Isto é, a comunicação visual chama a atenção para o espaço gráfico das telas, em que são acionadas emoções e preferências.

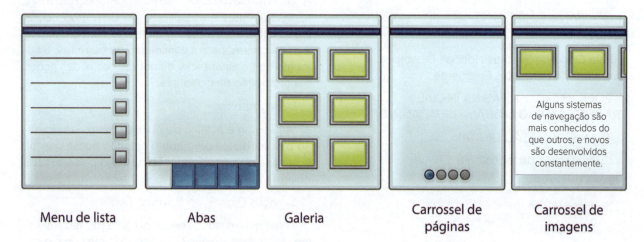

Menu de lista   Abas   Galeria   Carrossel de páginas   Carrossel de imagens

Os percursos ou trajetórias de navegação oferecem diferentes possibilidades de interatividade, como pode ser observado nos sistemas de navegação. A interação tem se expandido de maneira cada vez mais intencional para que as escolhas na comunicação visual proporcionem ao usuário uma experiência semelhante a uma narrativa. Um exemplo é o desenvolvimento de *games*, em que ferramentas de interação entre o jogo e o jogador são fundamentais, pois efetivamente criam a narrativa do jogo.

Em 2006, pesquisas utilizando técnicas de "rastreamento ocular" (feitas por meio do uso de óculos especiais) revelaram que o olhar de diferentes usuários realiza movimentos recorrentes ao visualizar telas de páginas da internet. Esse movimento seria diferente daquele que ocorre quando lemos textos impressos.

A descoberta indicou o uso preferencial do chamado **Padrão F**, isto é, o olhar percorre a tela conforme o desenho da letra **F** (que também é a primeira letra da palavra *fast*, que significa "rápido" em inglês). Essa revelação pode ser usada no gerenciamento da atenção do usuário, inclusive com o objetivo de valorizar produtos e serviços.

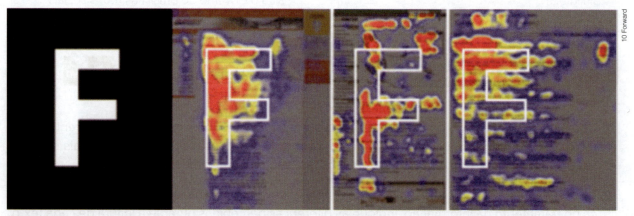

↑ No Padrão F, os olhos percorrem primeiro o título do texto, em seguida descem pelo canto esquerdo da página, passam pelos subtítulos e pelos tópicos principais antes de seguirem no canto esquerdo até o final do texto.

- Com base em sua experiência na internet, é possível identificar escolhas intencionais na linguagem visual destinadas a estabelecer interação com o usuário?

O *designer* ou artista gráfico é o profissional que une os elementos escritos e não escritos em muitos tipos de produção: capas de publicações (revistas e livros, por exemplo); placas; cartazes para promoção de produtos, eventos, serviços em geral; ou ainda na criação de logotipos, marcas e *sites* destinados às mais variadas atividades da sociedade.

Elabore um produto gráfico, escolhendo um dos tipos indicados no parágrafo anterior, para explorar a atividade de *designer*.

Procedimento

Escolha de conteúdo e busca de inspiração

1. Selecionem um conteúdo referente à divulgação de artes, literatura e outras formas de entretenimento nas comunidades virtuais. Antes de selecionar o conteúdo, reflitam sobre o que é importante ser anunciado e divulgado. Pensem em uma ou duas palavras-chave para apresentar o conteúdo escolhido.
2. Pesquisem imagens e referências de diferentes artistas gráficos que possam inspirar o trabalho de vocês.
3. Escolham o meio de divulgação, por exemplo: um cartaz que será afixado em painéis ou murais ou uma página de evento nas redes sociais.

APOIO

Guto Lacaz: www.gutolacaz.com.br/GraficaLivro/Grafica_web.pdf. Página do artista com portfólio de suas principais criações, história de vida e formação.

Kiko Farkas: www.kikofarkas.com.br/cartazes. Na página desse *designer* há alguns cartazes produzidos por seu estúdio de criação, incluindo exemplares para a divulgação de concertos da Orquestra Sinfônica do Estado de São Paulo (Osesp). Navegue pelo *site* para encontrar exemplos de capas de livros, projetos editoriais e afins.

Preparação dos materiais

1. Para começar o esboço, é preciso selecionar os materiais a serem utilizados e o suporte do cartaz.

O **suporte** pode ser feito sobre diversos tipos de papel, dos mais resistentes, ásperos ou rústicos aos mais delicados, lisos e sofisticados. Essa seleção interfere em decisões relacionadas a outros materiais, como tintas e outros papéis, fotografias e itens para colagem e sobreposição.

A **tipografia** compreende a forma visual das letras, dos números, símbolos e elementos como traços e sombreados. Vocês podem recorrer às tipografias já disponíveis, inspirar-se nelas ou criar novas que dialoguem com a peça gráfica a ser elaborada, testando algumas diferentes para ver como as palavras se comportam graficamente.

As **cores** são um elemento muito importante, pois ajudam a determinar a "cara" do projeto, ou seja, criam uma identidade visual. As cores se misturam e podem formar matizes (gradações ou tonalidades), o que envolve detalhes como a saturação ou a intensidade e o brilho delas.

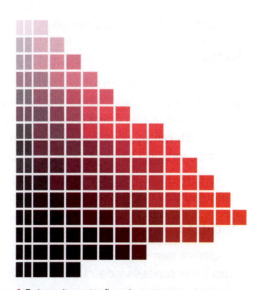
↑ Paleta de variações da cor magenta-rosa.

Quando colocadas lado a lado, as cores podem gerar contrastes maiores ou menores. As cores opostas ou complementares são aquelas que produzem maior contraste.

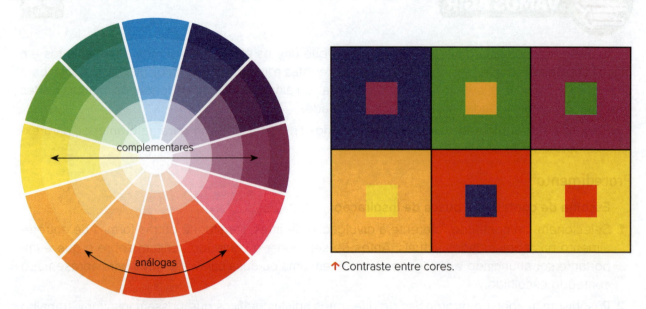

↑ Contraste entre cores.

São muitas as combinações possíveis para criar efeitos diversos, sempre pensando nas sensações ou sentimentos que se quer provocar no público. O vermelho, por exemplo, é frequentemente usado para chamar a atenção para alguma palavra ou elemento, enquanto certos tons de azul podem transmitir sensação de calma. Por causa dessa variedade de expressão, foram criadas as paletas de cores. Em cada paleta predominam cores que comunicam algo. Veja os exemplos a seguir.

2. Experimentem comunicar o mesmo texto escrito em cores diferentes para ver qual é a melhor combinação para seu projeto.

Diagramação

Uma vez definido o texto escrito e as imagens que serão utilizadas, explorem a organização dos elementos visuais no espaço do suporte. Testem em rascunhos a colocação das letras, linhas e margem em diferentes locais da página para decidir qual forma melhor expressa as informações que desejam transmitir. Há diferentes posições (superior, média e inferior) e lados (direito ou esquerdo) que podem ficar cheios ou vazios. Usem a criatividade para fazer escolhas e criar uma diagramação original e eficiente.

No projeto gráfico, a ilustração pode ser também com outros tipos de imagem, como fotografias manipuladas digitalmente, além de desenhos feitos por vocês.

Conclusão

Apresentem o produto final à turma. Nesse momento, vocês devem explicar suas ideias e contar como foi o processo de criação. Conversando, a turma pode encontrar caminhos e soluções para questões coletivas levantadas durante o processo de criação.

ETAPA 2 — FAZENDO ACONTECER

É chegada a hora de finalizar as propostas investigativas feitas pelos grupos e comunicá-las a um público mais amplo. Todas elas se relacionam ao tema geral do projeto e à questão do quadro **Direto ao ponto** (página 77).

> Como a cultura digital contribui para seu desenvolvimento pessoal e da sociedade em geral?

Serão desenvolvidas três propostas investigativas sobre temas relacionados à cultura digital, tendo em vista a concepção da arte gráfica utilizada em mídias ou multimídias digitais.

Orientações gerais

1. Considerem a elaboração de projetos comprometidos eticamente com as necessidades humanas e com a inclusão daqueles que precisam de atenção especial.
2. Em cada proposta investigativa haverá uma fase de pesquisa individual. Depois, os passos indicados a seguir devem ser desenvolvidos sempre em grupo.
   a) Seleção de conteúdo.
   b) Escolha de mídia adequada ao desenvolvimento do tema. Pode ser *site, blog*, *vlog*, *podcast*, aplicativos, artigo de enciclopédia colaborativa ou formatos que combinam mais de uma expressão, chamadas plataformas multimídia (áudio, textos, imagens e audiovisual).
   c) Organização do conteúdo de acordo com a mídia selecionada.
   d) Seleção dos elementos de arte gráfica (tipos de letras/símbolos, cores, divisão do espaço gráfico).
   e) Preparação de esboços das telas com a organização do conteúdo.
   f) Apresentação do produto em plataforma digital ou por meio de cartazes, por exemplo, simulando a elaboração da mídia.

> **ATENÇÃO!**
> Durante a produção, o grupo deve montar seu projeto gráfico para mostrar aos colegas e depois debater publicamente o processo de trabalho.

A união da criatividade de cada um fica expressa no resultado final.

APOIO

A indicação a seguir é útil para todas as propostas investigativas.

Wix: https://pt.wix.com. Na internet estão disponíveis gratuitamente plataformas de desenvolvimento de projeto gráfico. Esse *site* dá dicas e sugestões para você criar uma página eletrônica ou *blog*.

PROPOSTA INVESTIGATIVA 1
PARTICIPAÇÃO *ON-LINE*

Meta
Conhecer formas de participação democrática *on-line*.

Na realidade em que vivemos, com o celular em mãos, somos chamados a cada instante a interagir por meio de redes sociais, *sites* e outros aplicativos com diferentes funcionalidades. **Participação** é uma palavra relevante quando se pretende definir uma característica da relação entre as pessoas, como colaboração, solidariedade e reciprocidade.

Como podemos melhorar os espaços de convivência utilizando as ferramentas tecnológicas de participação a nosso favor?

Primeira fase
Individualmente

1. Faça um levantamento de experiências de participação democrática *on-line*, como os *sites* e-gov, e-cidadania e outros utilizados para participação eletrônica (também chamada de **e-participação**) em tomadas de decisão coletivas e debates. Veja exemplos na seção **Apoio**.
2. Reflita sobre de que modo a participação pode promover melhorias nos espaços de convivência. Tome notas de suas ideias para compartilhá-las com o grupo.

Em grupo

3. Depois de compartilhadas as reflexões individuais, façam uma pesquisa de opinião ou uma consulta a membros da escola e da comunidade, com base nos tópicos a seguir.
- Temos espaços de convivência na escola e na comunidade?
- Como podemos melhorar nossos espaços de convivência?
- Como as mídias digitais podem ajudar nessas melhorias?

Segunda fase

1. Depois de conhecer as necessidades locais e considerar o modo que as mídias podem ajudar na melhoria dos espaços de convivência, escolham o melhor meio para a abordagem do tema: *blogs*, *vlogs*, *podcasts* com entrevistas, redes sociais, entre outros. Será um espaço de debates, participação democrática e propostas de melhorias para os espaços de convivência.
2. Elaborem o projeto gráfico da mídia ou multimídia, incluindo cores, ícones, imagens, títulos, pequenos textos e, afinal, o nome do canal.

APOIO

E-cidadania: www12.senado.leg.br/ecidadania. Propõe debates, criação de leis, consultas públicas.

E-OUV: https://sistema.ouvidorias.gov.br/publico/pb/joaopessoa/Manifestacao/RegistrarManifestacao. Apresenta diferentes possibilidades de manifestações (denúncias, reclamações, solicitações, sugestões e elogios).

Luciano Cartaxo lança aplicativo 'Elas' para ajudar mulheres em situação de risco, de Flávio Asevêdo. *Prefeitura de João Pessoa (PB)*, 23 maio 2017. Reportagem sobre aplicativo para ajudar mulheres em situação de risco. Disponível em: www.joaopessoa.pb.gov.br/luciano-cartaxo-lanca-aplicativo-elas-para-ajudar-mulheres-em-situacao-de-risco. Acesso em: 10 maio 2019.

PROPOSTA INVESTIGATIVA 2
COMUNIDADE VIRTUAL

Meta

Desenvolver uma comunidade virtual para acessar, compartilhar e debater arte, literatura e outras formas de entretenimento.

As manifestações culturais sempre exerceram um papel importante na sociedade ao proporcionarem a interação entre as pessoas e, com isso, um sentimento de pertencimento a um grupo ou comunidade. Ir ao teatro, ao cinema ou a uma apresentação musical, conversar sobre leitura (jornais, revistas e livros) – os momentos de lazer ajudam a promover uma ampliação dos interesses pessoais e da sociedade.

Na atualidade, há questionamentos sobre a continuidade e relevância dessas manifestações culturais, bem como sobre seu papel formativo na sociedade por meio do uso da internet. Afinal, no espaço virtual, as pessoas compartilham interesses nos mais diversos assuntos.

Nas comunidades virtuais, podemos absorver novos conhecimentos por meio da arte, da literatura e de outras formas de entretenimento.

O que gostamos, apreciamos e queremos ter a nosso redor?

↑ A internet possibilita o acesso a vários conteúdos culturais.

Primeira fase
Individualmente

1. Pesquise *sites* que ofereçam informações sobre atividades culturais de que você gosta, como literatura, teatro, cinema, quadrinhos, grafite etc.
2. Faça uma lista de quais deles são interessantes visualmente e oferecem bom conteúdo. Analise se são completos em relação a seus interesses ou se poderiam ser melhorados.

Segunda fase
Em grupo

1. Façam uma pesquisa com jovens entre 14 e 17 anos. Pergunte: O que você mudaria nas plataformas que oferecem os conteúdos artísticos que você acompanha?
2. Reúnam as atividades culturais pesquisadas na Primeira fase e os resultados da pesquisa com os jovens para compor o conteúdo em um único canal: plataforma multimídia, *site*, *blog*, mídia social etc.
3. Elaborem o projeto gráfico do canal e uma apresentação do projeto incluindo cores, ícones, imagens, títulos, pequenos textos e nome do canal.

APOIO

Comunidades virtuais, de Luis Ángel Fernández Hermana. *Desafios de palavras: enfoques multiculturais sobre as sociedades da informação*. Texto que apresenta várias características das comunidades virtuais. Disponível em: https://vecam.org/archives/article620923c.html?lang=pt. Acesso em: 10 maio 2019.

PROPOSTA INVESTIGATIVA 3
DESIGN PARA IDOSOS

Meta
Ampliar o acesso de idosos à cultura digital.

Muitos trabalhos de *design* são considerados "socialmente responsáveis". Nesses casos, são projetos desenvolvidos de modo comprometido com acessibilidade, sustentabilidade e necessidades específicas. Na cultura digital, inúmeras pessoas ainda não têm acesso às novas tecnologias, enquanto outras só alcançam essa possibilidade mais tarde.

Os modos de interação dos indivíduos com a informação e o conhecimento mudam conforme a idade. Afirma-se que a sociedade contemporânea está dividida em dois grandes grupos: os nativos digitais e os imigrantes digitais. Para o primeiro grupo, o objeto mais importante da casa ao nascerem já não é mais o aparelho de televisão, mas o computador, o *tablet*, o *smartphone* conectado à internet. No segundo grupo estão aqueles que não nasceram nessa realidade, mas convivem com ela.

Observa-se que os nativos digitais assimilam e processam informação de modo bem diferente do segundo grupo. Nativos apreciam procedimentos paralelos e múltiplas tarefas; preferem começar pelos sinais gráficos do que pelos textos. Já imigrantes digitais estão habituados a encontrar informação em textos, lendo-os um a um e somente depois vão para os gráficos. Em geral, estão pouco familiarizados com ícones (como *emojis* ou *emoticons*) ou hipertextos.

Agora responda: Como seria um portal digital para idosos?

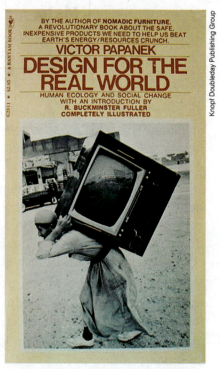

↑ Capa do livro *Design para o mundo real*, de Victor Papanek. Na década de 1970, essa obra chamou a atenção para o papel do *design* na sociedade de consumo.

Primeira fase
Individualmente

1. Pesquise *sites* que ofereçam conteúdo destinado a idosos, por exemplo: atividades de lazer, programação cultural, artigos sobre alimentação, saúde, finanças etc.

Segunda fase
Em grupo

1. Façam uma pesquisa com familiares ou conhecidos idosos. Perguntem: Como deveria ser um canal digital voltado para os idosos?
2. Selecionem o conteúdo pesquisado individualmente na Primeira fase e os resultados da pesquisa com os idosos para compor um único canal: plataforma multimídia, *site*, *blog*, mídias sociais etc.
3. Elaborem o projeto gráfico do canal e uma apresentação do projeto, incluindo cores, ícones, imagens, títulos, pequenos textos e nome do canal.

↑ Idoso utiliza tecnologia que permite acesso a internet.

ETAPA 3 — RESPEITÁVEL PÚBLICO

É chegada a hora de finalizar as propostas investigativas feitas pelos grupos e comunicá-las a um público mais amplo. Todas elas se relacionam ao tema geral do projeto e à questão do quadro **Direto ao ponto** (página 77).

Os produtos finais são momentos de troca e de compartilhamento, entre vocês, do que foi aprendido durante o processo. É justamente a participação de cada aluno nas apresentações de todos os grupos que possibilita a compreensão do tema do projeto de forma mais ampla.

Neste projeto, as investigações sobre a participação *on-line*, as comunidades virtuais e o *design* voltado ao público idoso possibilitam melhor entendimento das formas de comunicação no mundo digital.

> **Produto final**
> Exposição de projetos gráficos e dos processos de criação envolvidos.

Exponham os projetos gráficos elaborados nas propostas da **Etapa 2** e o processo de criação, explicando as ideias debatidas pelo grupo.

A apresentação dos projetos pode ser física (por meio da divulgação de cartazes, por exemplo), digital ou mesmo híbrida, com mescla entre elementos feitos manualmente e as plataformas de desenvolvimento de projeto gráfico.

BALANÇO FINAL

Avaliação coletiva

Em uma aula com os professores de Arte e Língua Portuguesa, todos vocês conversarão sobre o desenvolvimento do projeto escolhido. Inicialmente, organizem uma conversa coletiva para debater as seguintes questões:

- O que aprendemos com esse estudo?
- Conhecemos alguma informação ou fato novo sobre o assunto?
- O que foi mais interessante no projeto?

Reunindo as fichas individuais de participação, procederemos à autoavaliação e à avaliação do projeto.

Avaliação individual

Conclua a avaliação feita ao longo do projeto. É o momento de verificar seu desempenho na execução dele em conjunto com a avaliação dos docentes e a autoavaliação.

↑ O *bullying* nunca deve ser considerado uma brincadeira.

A comunicação digital colocou em contato o mundo todo em tempo real. É necessário avaliar como a ética e a responsabilidade podem valorizar essa conquista.